层叠的北京

李纬文
著

看 得 见 的 古 都 八 百 年

文化艺术出版社
Culture and Art Publishing House

马可·波罗讲一条桥，描述它的每一块石头。

「可是，支住桥的是哪一块石头？」忽必烈可汗问。

「支住桥的不是任何一块石头，」马可回答，「而是石块形成的桥拱。」

忽必烈可汗默默想了一会，又问：「你何必讲石头呢？我只关心桥拱。」

波罗回答：「没有石头就没有桥拱了。」

——[意]伊塔洛·卡尔维诺《看不见的城市》

自序　　在我的高中时代，随着第二十九届夏季奥运会日渐临近，整座北京被工地覆盖。

　　我看到城市的许多部分短暂地退回到裸土朝天的状态，然后又巍然耸立起巨大的楼宇。当那些地块的所有地上物——蜿蜒小巷、红砖旧楼、繁密杂院——都一一消失而新的结构还没有到来的时候，我发现它们呈现为一种短暂的前所未有的真空。这就像翻阅笔记本的时候，纸页有一瞬间以它的侧面对着你。只是一转瞬，下一页的内容就浮现出来了。尽管这纸页很薄，却真切地隔开了过去与未来、已读与未读。

　　北京并非仅有一个表面，而是由许许多多的层次上下重叠而成，就像一个记事簿。这座城市的每代人都身处在一个页面上，新的层次不断覆压在旧的上面。在城市的一些相对恒定的局部，岁月就像玻璃纸，我们可以直接读到许多层之下的内容。但在一般情况下，我们只能看到眼前那一页的表面，有关这座城市未来的内容尚未揭晓，而被时光翻阅过的页面则被隐藏在下头。

　　然而，写在这座城市过去一些页面上的内容，其笔力太过深重，于是力透时光而映现出来，或多或少地留给了如今。正是在那个城市面貌巨变的时代，我逐渐发现，这种若隐若现的时光笔痕往往是城市里最诱人的景象：街区里的大院可能还保留着昔日一座府衙的轮廓；

几条枝枝杈杈的胡同或许是一组已经消失的伟构留下的平面框架；不起眼的大杂院里两条平行的夹道竟然是当年某座巨刹的廊庑……重新发现这些流光残影，就像根据笔记本上的笔痕还原上一页已经消失的字迹一样让人着迷。

后来，随着这些朦胧的感受转变为对建筑史与城市史的兴趣，我了解到赵正之先生、宿白先生、徐苹芳先生等先辈学者早已将这种时空格局定义为"古今重叠型城址"。在城市中，尽管各种单体建筑以及宫室、衙署、寺庙、园林等建筑群组会多次经历兴废，但是作为城市肌理框架的道路系统、水利系统和街坊格局、大型建筑群的占地规模，乃至细微的地形与地名，都具有超越时代的生命力，难以被彻底放弃或转变，而是往往得到沿用，或者改换功能与内涵而委曲存世。从城市画卷上这些笔痕中，我们得以还原出它在各个历史时期的面貌。用时髦的概念说，这是一套存在于每位城市居民身边的"城市密码"，它告诉我们，在这座巨大的城市中，那些对称与不对称的地标、两个地点的遥相呼应、相邻建筑的奇特反差，以及人们每天经过的街巷里那些不起眼的弯折与缝隙，其实都是生活的偶然与空间逻辑的必然所共同造就的，都有着它们自己的渊源。

然而，学者们对城市过往层次的探索很早便伴随着危机感。这些笔痕往往是如此脆弱，作为"形态遗存"，它们甚至不一定有建筑载体，而往往只是一条胡同的弯折、一个局部高差、一个细微的角度、一个夹道似的缝隙，以至于当对它们的研究与破解还没有充分展开的时候，它们便在城市新陈代谢的浪潮中迅速漫漶下去，并趋于消失了。徐苹芳先生在《现代城市中的古代城市遗痕》一文的结尾说过一句"狠话"："我可预言，若干年后，一个城市中有没有保留自己历史发展的遗痕，将是这个城市有没有文化的表现。"然而要想让遗痕不沦为遗恨，仍然有许许多多工作要做，并且需要多个领域的合作。我有时不免幻想，假如城市史、建筑考古领域的学者们与城市规划领域的专家们及时沟通，提前标记出城市中已知的或潜在的史迹——那些也许就在深巷尽头或者地下三尺等待我们的古老的时光层次——我们是否就可以在划定市政道路与开发用地的时候有意避让它们，或者留出弹性空间，让它们不再被仓促铲平或者经受粗糙轻浮的再创作，而是一旦显露出来便受到保护，并成为新建设的灵感来源？

那时我对此还没有什么信心，我并不确定为城市勾画蓝图的人们是不是有兴趣把北京城的笔记本往回翻，去查找那些往日的笔痕。直到我有幸结识了一群规划界的师长们，他们让我确信，这座城市的往昔记忆正在受到越来越多的重视，我的那些幻想并非不切实际。2015年，北京市城市规划设计研究院的赵幸老师——绰号"龟姐"——鼓励我写出了最早的几篇有关北京史地话题的文章，讲述当时的几处老城规划热点以及北京城市文化高地背后的故事如阜成门内宫门口、隆福寺、护国寺、宣南等，就此为我日后的许多史地写作奠定了文字基础。我今天得以将这些文字扩展成书，十分得益于"龟姐"这位引路人。

光有老故事还不够，在我的构想中，北京的层次感最适合用一系列画面来表示，在层层揭开中显露出超越时间的空间对应，就如同把那些纸背的笔痕补全，去望穿我们所无法直接翻开的历史页面。所以在我最早的构想中，这本书首先是一本"图册"。

在本书的每个章节开始，读者都会看到一组由两幅或三幅画面组成的"动态图"。当读者揭开上面的画面时，一个表现更早时代的同角度画面便会出现在下面一层。反复翻动这些画面，岁月给城市带来的变化就会跃然目前。

相信读者们很快就会发现，如果想要完整地看到靠下的画面，需要把靠上的纸页掀起来为此难免小费一番周章。我与本书的编辑董良敏老师觉得这样其实挺好，因为这座城市的层叠中比较古老的层次本来就是遮遮掩掩、若隐若现的，哪里是轻易能窥得全豹的呢？这就像古人描绘城市宫阙时故意排铺的云彩一样，虽然不免给今日的史地学者们平添焦躁，但也的确反映了古人空间认知格局中的迷雾与未知。所以当读者为了看到那些画面而翻来覆去、抬手落手的时候，也就与笔者的努力达成了某种意义上的共鸣——让城市停在翻页的那一瞬间。

本书一共有十二个章节，每个章节包括一组画面、一篇正文与一篇"城市密码考证"的附文。"城市密码考证"有时是正文内容的展开和延续，也有时仅仅是对正文中提到的某个极小的点的发散。笔者在本书中并不打算以学术论文的细致程度处理所有那些引作谈资的主题，但仍然希望能够提供给读者们一些扎实的论述、建筑史与城市史的一个剪影，作为进一步探索与想象的基础。

很显然，十二个章节远远不能覆盖北京的全部。在时间和空间两个维度上，这些章节都仅仅点到了一个浩瀚世界的一角。但这十二个章节所涉及的城市局部与历史截面，又的确都是具有某种突出类型学特征的节点，因而构成了北京"层叠"结构中的一个松散而关键的星座。如果读者们感到意犹未尽，须知这座城市中其实还有无数这样大大小小的时空节点，隐藏在墙缝里、地层里、文献的字里行间，等待着人们去发现，并像面对宇宙虫洞的勇士那样纵身跃入。

在我小的时候，有一次经过德胜门立交桥，我低头看着自己的脚走在水泥方砖地上，突然萌发出一种想象：是否有一天，我的脚步可以踏遍整座北京？不只是去过所有的地方，而是让自己的脚步覆盖城市的每一块砖。

后来，我意识到这件事几乎是不可能的。一方面是因为，随着我年龄的增长，我逐渐失去了在城市里瞎跑的机会，而越来越多的时间只在屈指可数的路径上重复往来；另一方面则是因为，我脚步的速度早已赶不上这座城市向外扩张的速度了。但现在，我们正准备尝试一种新的游历，那就是跳进这座城市的层叠中，在它的各个层次之间穿行。

在科幻小说《北京折叠》中，这座城市被分为三个空间，每个空间都有自己的居民，占据大地的两面。主人公为了生计，以身犯险穿过三个空间之间的藩篱。而真实的城市史有时恰恰与最奇绝的科幻想象难分彼此：北京或许并未折叠起来，但它的层叠是实实在在的。揭开时间层次的时候，我们就能真切地看到流光中的另一个北京，以及那个北京的城市生活。而几个世代之后的人，也会像我们今天一样，揭开一些碎片，窥探一些残篇，并在他们五光十色的生活中分辨出那些来自我们时代的影子，那些我们传递给未来的乐趣、烦恼与执着。我们今日对于往昔的描绘，也终将成为今日的一部分，归入这本城市大书的下一个页面。

目录

遗痕

如今的白塔寺—宫门口地区

20 世纪初的白塔寺—宫门口地区，朝天宫的
巨大遗骸完整烙印在城市肌理中

明代北京白塔寺与朝天宫并存推测复原图

宫门口的茕茕孑立与委地横陈

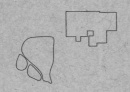

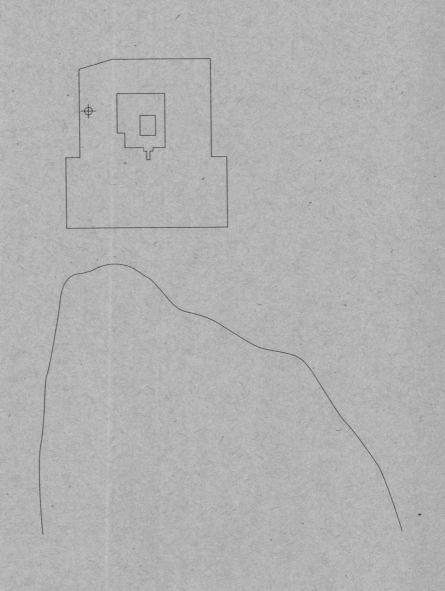

人生一世，不免要在世界上留痕。苏东坡把这比作"飞鸿踏雪泥"，想来世界的质感是很软烂的，稍一落脚，就会留下脚印。而留下脚印的同时，也便必然压盖了前人的印记。

他的这个说法，倒是颇得城市考古的真意：任何营造活动，都将在大地上留下痕迹。而这痕迹又将接受后世营造的"物质性批判"，日渐模糊而难寻。但这些痕迹就像是营造物的第二段生命，它们往往比建筑本体的寿命更加绵长。而城市的一些局部更会受到多个时代的青睐，导致多层痕迹叠压在一起。阜成门内就是这样的"雪泥落脚地"。

忽必烈的时间胶囊　　元世祖至元八年（1271），大都正在金中都水草丰美的东北郊拔地而起。老村旧落，一时间都被规划整齐，纳入棋盘般的框架。在新城西南部，恰有一座已经存世 170 年的辽代白塔也被圈在城内。对元人而言，辽金皆是近世，正值万象鼎新之际，多少故物去留未定，无暇惋惜。工匠们刨开塔基，打开地宫，发现其中有石函、各种法物以及金色佛舍利，于是报告给了元世祖忽必烈。史册记载，忽必烈亲往检视，地宫中法物妙不可言，寓意吉祥，让他颇受触动。其实，元世祖或许是突然意识到，塔是某种能够封存时间的创造，它不仅标识地宫法宝的所在，更为后世保存了一个时代的缩影。如果历史上存在某种近乎今人所谓"时间胶囊"般的发明，那么塔就是最为古老的时间旅行舱之一。

元世祖于是请尼泊尔的大匠师阿尼哥在此处修建了一座白塔。他

阿尼哥于中统元年（1260）来华，为世祖在西域兴建金塔。那时他虽只有十几岁，但智识与技艺却非常早熟，面对本国匠人的质疑，他曾表示自己"年幼，心不幼也"。他很快受到帝师八思巴的赏识，在金塔修竣后他被挽留入朝供职。于是，阿尼哥安家于中华，参与皇家建筑、造像、器物等工役无数，成为大元匠作第一人。他去世后被追封为太师、凉国公，谥号敏慧，可谓皇家建筑师一生际遇的极致，亦是中国与尼泊尔传统友谊的代表人物。

5

设计的白塔以厚重的塔身将辽塔整体包裹在内，加固了这一时间碎片的保护壳层。此后，又围绕塔之所在，向四方各以一箭之地为界，建大圣寿万安寺，"殿陛"台基仿照皇宫大内，四角设角楼，宛如一座微缩的禁城。因其殿堂浩大，元代的白塔寺在礼佛之余，还是元代官员演练朝堂礼仪的地方。元世祖晏驾后，他的影像也被后世子孙供奉于此。

鸱尾、鸱吻与螭吻
这三个词都是指高等级建筑物正脊两端的兼有装饰性和固定作用的琉璃构件。它们的区别在于，鸱尾近似于猛禽的尾，其意象更接近尾羽（左：唐代模式的鸱尾）；鸱吻是一种演化变体，表现的动物依然是鸱这种鱼形猛兽，但重点转移到其口吻部，一般作吞吐状（中：元代模式的鸱吻）；螭吻则是进一步的演化变体，表现的动物愈加接近龙形，重点进一步集中于其口吻部（右：明代模式的螭吻）。↓

将近百年之后，至正二十八年（1368）夏日的一个下午，雨中突然有雷火降下，大圣寿万安寺大殿殿脊的鳌鱼鸱吻登时喷火，全寺陷入火海，佛殿无一幸存，仅有白塔孑然屹立。元顺帝闻讯不禁落泪。

他不仅仅是为了一座大刹而悲，更是从这场天火中感到了某种冥冥天数。两个月后，明军逼近大都，元顺帝黯然出走，一代天骄的后人，终于没能在白塔下继续统握中原。

白塔的孤寂在元大都被降为北平的岁月里持续着，直到永乐皇帝让这座城市重新成为皇都，组装起一座全新的国家机器。随着北京政治地位的稳固，从明代宣德年间开始，荒废的白塔寺经过修复，稍稍恢复了生机，并被赐名为"妙应寺"。

然而，这座在元代曾经傲视西城的大刹，到了此时，却不复往日的独尊。因为时代已经不同，首善之城的信仰重心悄然转移。一座在全城无出其右的道宫——朝天宫——已经在其北侧崛起，它对于大明的意义，就如同曾经的大圣寿万安寺对于大元的意义一般。随着王朝的更迭，国家殿堂也改换了自己的身份。面对全

新的巨邻，白塔寺只好蜷缩在一隅，羡慕晚辈那如日中天的浩大。

宫门口，哪座宫的门口　　可是，朝天宫却是北京众多故事里少
　　　　　　　　　　　　　　为人知的一章。

　　朝天宫那冠绝首善的形制、皇家道场的地位、诡异叵测的毁灭、
周回数里的遗骸，以及曾经在北京民间传说中的奇谲，都不免让
人对它当年的胜景心生遐思。然而，如此一座巨宫，在历史上留
下的描摹却少得可怜，让人琢磨不透。如今，金融街的高楼广厦
投下的阴影每天掠过朝天宫的旧身形，掠过一个不引人注目的"宫
门口"：从白塔寺山门西行不过几十步，即可看到两条紧挨在一
起的胡同，一条叫作宫门口东岔，一条叫作宫门口西岔。至于这
到底是哪座宫的门口，地名却把它低调地隐去了，似乎不想让人
知道，它的背后曾经存在过北京历史上规模最大、号称"重檐巨
栋三千间"的皇家宫观。只有那首北京老童谣还没有忘记这一宫
一寺的并存：

　　平则门，拉大弓，前边就是朝天宫。朝天宫，写大字，前边
就是白塔寺……

　　朝天宫是明代道录司之所在，有着掌管天下道教的崇高地位。
道教所受到的尊崇在明世宗嘉靖皇帝治下达到了顶峰，那时最被
宠信的邵元节、陶仲文等高道，即被冠以"统辖三宫、总领道教"
的尊号。这里的"三宫"，即指北京西城的朝天宫、显灵宫、灵
济宫三座大型道观，而朝天宫则雄居三宫之首，经常举行持续数

↑ 在刊行于明万历初年的《北京城宫殿之图》西侧的一
个角落里，北京朝天宫确实得到了可能是历史上唯一留
存下来的图像表现。可惜这一完全意象化的表现实在不
足以为我们提供足够的历史信息。妙应寺的覆钵形白塔
在此图中也被错误地表现为楼阁式塔

7

↑ 妙应寺的明代殿堂，仅相当于元代大圣寿万安寺中路
的规模（白笛摄）

十天的大型斋醮活动。因为其规模直拟宫阙，故而朝天宫也用作紫禁城重大典礼之前百官提前演练殿庭礼仪的场所——这一功能恰与元代的大圣寿万安寺相同。其雄居北京西北部的选址，则又与"西北天门之位"的堪舆认知相符，是功能意义重大的城市节点。在史家笔墨的演绎中，朝天宫曾经有着十三座大殿，其特异的规模，显然是与它的地位相匹配的。

然而，这一组庞大的主体建筑还不是朝天宫的全部。它的用地继续向北延伸，一直延伸到接近西直门内大街的地方。在《明宣宗实录》中，对营建朝天宫的记述称"建朝天宫于西直门内"，竟不提阜成门。在这一进深巨大的用地中，容纳着各类附属设施、库房草场和菜园田亩，而这也正是今天"官园"这一地名的由来，即"朝天宫官菜园"的简称。

天启六年（1626）的一个夏夜［《帝京景物略》称六月二十（1626年7月13日），《明史》称五月二十二（1626年6月15日）］，一场奇异的夜火突然降临。火不知从何处而起，倒像是骤然齐出，一霎时整个朝天宫被烧成白地，但却没有殃及周边街市的任何建筑。彼时的大明风雨飘摇，京城百姓盛传这场大火有异状。元末大圣寿万安寺的火焚似乎在咫尺之间轮回重现了：当朝天宫的余烬冷下来的时候，大明也只剩下了最后十几年的残喘。

一寺一宫，带着两个朝代的命运，遁入了历史的角落。自此之后，朝天宫再没有恢复旧观，后人仅在基址北端利用旧基建了一组小小的护国元天观，即今天的西城区文物保护单位玉皇阁。

然而，朝天宫的故事还远远没有结束。这个庞然巨物倒下之后，将它的骨架永远留在了京城的西部，在当年羽士和百官们曾经缓步的甬道之间，百姓们留下了他们的足迹。在十几座殿堂的台基下，一系列自发组织的街巷逐渐生成，在化为灰烬的神像与经典之上，出现了新的人和新的故事。

如今的北京人没有谁见过朝天宫，历史记载中也找不全它曾经的身姿。然而它所留下的遗骸，依然清晰地烙印在北京的大地上。如果我们回到 20 世纪，俯瞰南至阜成门内大街、北至官园一带的广阔街区，就会发现，在宫门口东西岔这两条胡同的深处，存在着一个由街巷肌理构成的巨大"回"字形框架。

这处极为规整的框架就如同一方印章盖在了北京城的西北部，它是时间留给我们一窥朝天宫原貌的重要线索。构成框架的这些街巷的名字揭示了一组规模巨大的建筑群在历史上的存在：

半壁街（今称福绥境），顾名思义，是一条曾经一侧是街市，另一侧是长墙的街，标识了整组建筑群的西界；
东廊下胡同和西廊下胡同，是紧邻着曾经的中央廊院外侧形成的夹道；
中廊下胡同，沿行曾经的中轴御道；
宫门口东岔和西岔两条胡同，则标识着曾经的宫前甬道。

这一街区级的平面规模，足以令北京历史上存在过的任何其他寺观相形见绌。其四至之广大，宛如一座小型的紫禁城，让白

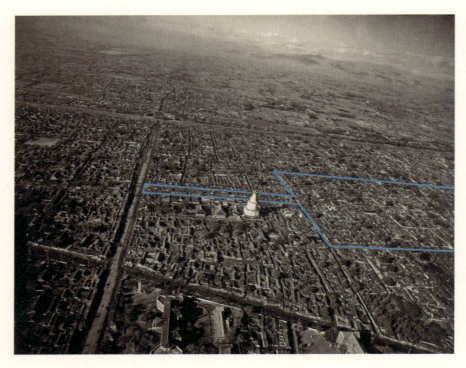

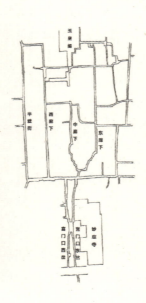

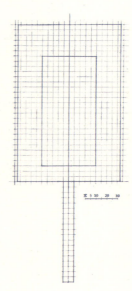

↑ 阜成门内地区，妙应寺以及朝天宫遗存范围示意（蓝线部分，笔者在 20 世纪 40 年代阜成门内地区航拍上加绘）

↓ 1959 年，北京朝天宫地区街巷格局与明代朝天宫初始平面设计格局复原（笔者基于北京市测绘设计研究院1959 年历史航片绘制）

塔寺被映衬成了蜷缩在一隅的玲珑小庙。

　　朝天宫及其附属用地就像一棵参天大树一样扎根在明代北京城的西北部，使得城市街巷在这里被切成两个坊，明代称其东侧为"河漕西坊"，其西侧为"朝天宫西坊"，两坊纵贯阜成门与西直门之间的城市空间，与坊巷规整的北京东城对称部分形成鲜明对比。而这又直接影响了后世的城市化进程：空阔的遗址最方便接纳大型建置，从清代的数座王府到现代的官园少年儿童活动中心、北京市青年宫，后人其实一直都在接收这座传奇般的朝天宫解体后所释放出的土地资源，同时也不可避免地继承了这处巨型设施留给后世的东西向交通阻隔。直至今日，在阜成门与西直门之间的这片区域中，除了21世纪初贯穿而过的平安大街之外，依然少有东西贯通的城市道路。

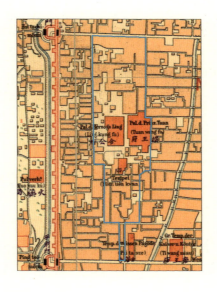

↑ 即便在朝天宫解体之后，广义上的朝天宫用地（蓝框范围）在阜成门与西直门之间造成的巨大分割一直在影响着后世的城市化实践直至今天（笔者在1901年《北京全图》上加绘）

三个理想世界　　有些关于朝天宫的民间传说还在流传着，比如关于它的终结。有一种传奇讲到，这是因为扭结相交的宫门口东西岔仿佛一个"人"字，而在这个人字东边的白塔寺白塔和在西边的青塔寺青塔又如同两个点，人字加两点，不正是个"火"字吗？火字当头，朝天宫怎么能不遭回禄呢？其实，青塔寺的那座青塔距离白塔有一里之远，约在如今已经疏解关闭的官园花鸟市场以南，而且在明代后期已经无存；而今朝天宫门口东西岔扭转相交的形态其实是在朝天宫消失之后因为民居在甬道上增建才形成的，朝天宫的这个"火"字实际上凑不起来。历史传说有时候就像架空古装剧一样，从来不讲究什么先来后到。不过，有这段小小的传奇又何妨呢？朝天宫仿佛是一个看不见的书架，时刻准备着承接源源不断的故事。

在宫门口的新传奇中，最广为人知的还是福绥境大楼。福绥境即原来的半壁街，而它的北端连接着一条东西向的小街，叫作"苦水井"。在民国时期，这个颇带着几分无奈的北京常见地名被改成了福绥境，可谓现代北京地名修订中大雅之词的极致。当年修改地名的雅士大概不会想到，后来这里真的矗立起了一座承载一代人梦想的建筑，一座可以配得上这理想地名的"公社大楼"。这座大楼有八层高，在整个宫门口的任意一个角落，都无法忽视它的存在，但却又都只能见其一斑。这座大厦压过了这片土地上曾经存在过的一切，朝天宫的十几座殿堂没有一座能望其项背，就连高大的白塔，在它的逼视下，也难免露出了些尴尬的神情。大楼没有编号，极为醒目的楼牌上，除了福绥境这个街道名，就只有"大楼"二字。好个大楼，这个"大"字不是对尺度

的形容，而像是对它本质的定义。南边，金融街的楼群早已能够俯瞰整个宫门口，而大楼依然独大。

走在21世纪初的宫门口，完全感受不到这里曾经存在过那许多浩渺的理想。无论从什么角度看，这里都是一片寻常巷陌。如果向这里的居民们询问起那些曾经的壮观，人们已经不再知道些什么了。当夜幕降临，宫门口的小巷里热气蒸腾，炊烟暧暧，麻酱火烧、羊杂碎和各种便餐在昏黄的灯光下挤满了行人的视野，好像是有意把历史上那些九重天里的叙事掩藏起来一般。

阜成门在元代称"平则门"。这两个名字，一个讲丰饶，一个讲公正，恰恰构成了治世者的终极梦想。怪不得人们对这里有许许多多的期待，把最浩大的天国画卷描绘在这里，希望它们永恒。可是时间无一例外地把它们一卷而空，三个曾经的完美世界都落满了灰尘。经过漫长腾退的福绥境大楼已经没有几个窗洞还能透出灯光，而它所曾承载的人人得其居、得其食的梦想依然在北京高高的蓝天上盘旋；白塔寺早已不复大圣寿万安寺的宏大，几乎与城市同龄的白塔露出拘谨的眼神，望向西南方向那些早已高过它的巨厦；蜿蜒的宫门口东西岔近几年来已经不复喧闹，历经疏解的它们还在等待承接更合适的业态。而它们身后片瓦无存的朝天宫则拖着自己的半截身子，懒懒地躲在地下，似乎不希望任何人认出它的前生。

　　阜成门内大街车流滚滚，行人匆匆，只有元世祖的覆钵状时空胶囊还在变迁中独行。许多个时代逝去的憧憬，与平凡的生活现实，就这样在北京的巷陌里难解难分。

↑ 落寞的福绥境大楼，只有几扇窗户还能透出灯光。这栋老楼的去留曾经引起争论，但它在北京都市传说中的地位无可动摇（朱建军摄）

↑ 暮色中的白塔俯瞰着宫门口街区的变迁，像在看着膝
下承欢的晚辈（宋奥楠摄）

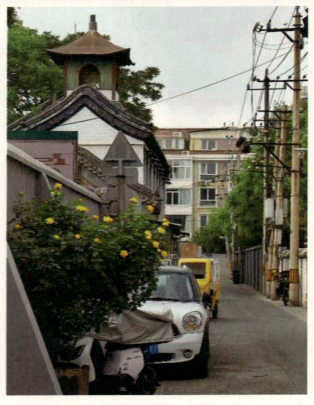

↑ 新业态的引入让宫门口街区呈现士绅化的趋势。本地居民生活与外摆商业、露台经营等消费场景之间的磨合将是社区营造的新课题（笔者摄）

↓ 朝天宫的消亡如同一场宏大的鲸落，让新的可能性在这里滋生。20世纪初，东廊下还冒出了一座小小的中式风格福音堂，仿佛当年的羽士走向了自己的来生（笔者摄）

我们可以把一座城市中的建筑完美复制到另一座城市中吗？

明代《帝京景物略》记载，北京朝天宫曾经有十三座大殿，激发了后世对于朝天宫之宏大的无尽想象。这一记载明显参考了成化年间的《御制重修朝天宫碑》碑文，而这也是我们所掌握的关于北京朝天宫的最详尽记载："首三清殿以奉天尊，通明殿以奉上帝，次普济、景德、总制、宝藏、佑圣、靖应、崇真、文昌、玄应九殿，以奉诸神。又万岁、东西具服殿以伺驾幸之所。"（沈榜《宛署杂记》）共十三座主体殿堂。然而，无论是《帝京景物略》还是《御制重修朝天宫碑》，都仅仅列举了这些殿堂的名称，并未介绍它们的尺度以及排布格局。

参考北京朝天宫留下的"回"字形框架以及明代皇家寺观的常见格局，我们基本可以确定，出现在《御制重修朝天宫碑》和《帝京景物略》中的主要殿宇应曾在朝天宫"回"字形框架的内圈和中轴线位置上构成一组廊院建筑群，而其他附属建筑则分布在"回"字形的外圈以形成两个边路。这些殿宇又是哪些在前、哪些在后呢？仅凭它们的名字就难以得知了。

太平天国之役，曾国藩攻破天京之后，即将朝天宫改为文庙，江宁府学也迁到朝天宫东侧。曾国藩重视实业与经史，改道宫为文庙，有振兴教育的用意。待到光绪时期，张之洞等洋务派发起"庙产兴学"运动，将全国众多大刹道宫改为学校，朝天宫这样的案例成为更加普遍的情况。寺观等建筑与文庙的整体空间模式有相近之处，在清末的改造中，往往在前导空间增添影壁、棂星门、泮池等文庙建筑标准配置，便转换为儒教场所。

好消息是，在明代，朝天宫并非只有一座，北京朝天宫实际上是对南京朝天宫模式的移植。宣德年间的新建碑碑文中，北京朝天宫的缘起被记载得非常明确："南京洪武初建朝天宫于皇城之西，以奉上帝，以展祈报。北京肇创之初，盖制未备，比命有司，祗循令典，得吉卜于都城之内西北隅，遂仿南京之规，创建宫宇，靓深亢爽，百物咸具……"（沈榜《宛署杂记》）可知北京朝天宫模仿南京朝天宫的形制，正如北京宫阙模仿南京宫阙的形制一般。故而要想象北京朝天宫的状态，我们还需要去南京一探究竟。

南京朝天宫坐落在城西的冶城山上，历代皆有营构，元代规模大备，至明初扩建为朝天宫，成为金陵玄观之首。如今的南京朝天宫已经在清末被改建为文庙，其明代原制受到扰动，但整体基址规模仍存其初始设计本意。不过最重要的，还是南京朝天宫为我们留下了一幅清晰的、带有建筑名称标注的明代图像资料。

在这张南京朝天宫图上，建筑群的主

体殿宇与中央廊院上的各处侧殿一共九座（三清、大通明、景德、普济、显应、宝藏、总制、威灵、神君），较北京朝天宫少两座，其中有六座殿宇的名称与北京朝天宫完全一致。这一下子为我们解决了很多疑问。我

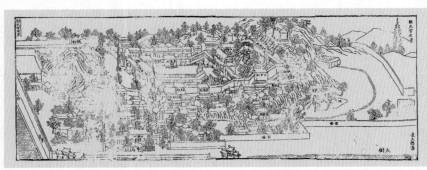

们还可以由此确认北京朝天宫各部分建置的用意，例如南京朝天宫有"万岁殿"的设置，该殿本来是在一处元代山亭的基础上修复的，因为曾经被明太祖朱元璋用作更衣殿而获得"万岁"之称（《游冶城山记》）。而北京朝天宫也设置"万岁、东西具服殿以伺驾幸之所"，显然是直接摹写了南京规制与殿宇功能。

我们也不难发现，南北两京这两座具有至尊地位的皇家道场，其设计条件其实大不相同。名为仿造、复制，可是将一个设计原型完全相同地复制到两个截然不同的城市背景中，这本来就是不可能的任务。南京朝天宫起于丘陵，作为对"冶城西峙"这一金陵胜景的阐释，它的设计包含很多与环境和史迹相调适的成分。例如：其山脚下设置蜿蜒的甬道，以实现曲径通幽的

效果；修复山亭作为更衣殿，以获得统揽全局、俯瞰城市的视野。而北京朝天宫则不同，人们在谋划这座巨大宫观的设计时，恐怕很清楚南京模板背后有其独特的渊源和深意，无法直接摹写，只能优先将显露在外的空间特征拿来参考。比起冶城山，阜成门内广阔而平坦，南京模板里面山脚盘道、山巅有亭、山前有宫、山后有堂的格局在此失去了意义。然而，更为开阔的基址又的确带来了一些新的可能，包括实现一种无可比拟的宏大。

如今，北京朝天宫遗址上的东廊下、西廊下两条胡同之间的距离定位了曾经的廊院宽度。这种情况在北京的其他几处大型寺观亦有存在，我们还会多次见到"东西廊下"这类历史肌理坐标，如在大隆善护国寺和大隆福寺两侧。但朝天宫东西两廊之间的宽度远远超过了其他任何此类格局：这是一个宽达50丈（1丈约为3.33米）的矩形地盘，远非南京朝天宫所能望其项背。参考明代大型建筑群的设计比例，即主体殿堂面阔接近廊院宽度的一半，北京

↑《金陵玄观志》朝天宫图，凌大德绘。可见南京朝天宫倚靠在冶城山上

20

朝天宫
地卽冶城相传
为吴大帝冶城卽
葛晋建冶城寺
宋为天庆观蒋
斌有天庆观诗
明洪武重修易
今名

朝天宫正殿三清殿的面阔应至少达到20
丈，而这一数值基本相当于如今太和殿的
尺度，其土木之宏巨可窥一斑。

　　说到朝天宫的宏阔选址，就不得不提
及它的前身。这里在元大都时期原本是社
稷坛，背南面北。明初北京大量继承元大
都肌理，朝天宫在兴建时很可能利用了元
代社稷坛一些附属设施留下的开阔地，从
而避免了大规模地迁移民居。而改坛埠为
巨殿的操作，又恰恰符合了"亡国之社屋
之"（《五礼通考》）的指导原则，即将
前朝社稷以屋宇覆盖，使其不再能接触雨

露天阳。元代社稷坛面北的格局，很可能
即是朝天宫用地被描述为"西直门内"的
原因。

　　白塔尚且峙立，而朝天宫则可谓陆沉。
朝天宫留下的谜团尚未解答，它的遗迹却
已经处在彻底消失的边缘。21世纪初以来，
朝天宫被一截两段，其北部街巷格局已经
彻底消失在了现代建筑之下，仅有南部街
巷格局因地处历史文化保护区而暂得保
全，留给学者们的研究空间正在层层萎缩。

　　宫门口就像一本被埋没的大书，想要
重新找回它的读者。或许有一天，人们会

↑《乾隆南巡驻跸图》之朝天宫图，钱维城绘。图中的
南京朝天宫与《金陵玄观志》中的明代状态相比，山脚
下的蜿蜒甬道已经消失，廊庑侧殿也大部消失简化，但
主要殿亭规制对我们想象北京朝天宫规制仍有参考价值

21

通过考古发掘与研究，重新展示、再现朝天宫的宫门或部分遗迹，让宫门口地区的空间秩序重新得到展示，让这个地名重新变得鲜活。

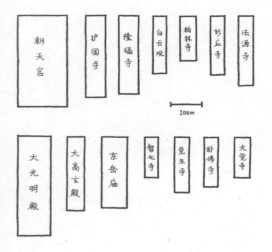

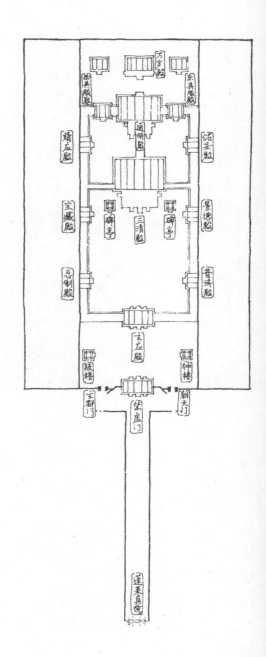

涸辙

21 世纪初的护国寺建筑遗存区域　　　　　　清中期完整状态的大隆善护国寺

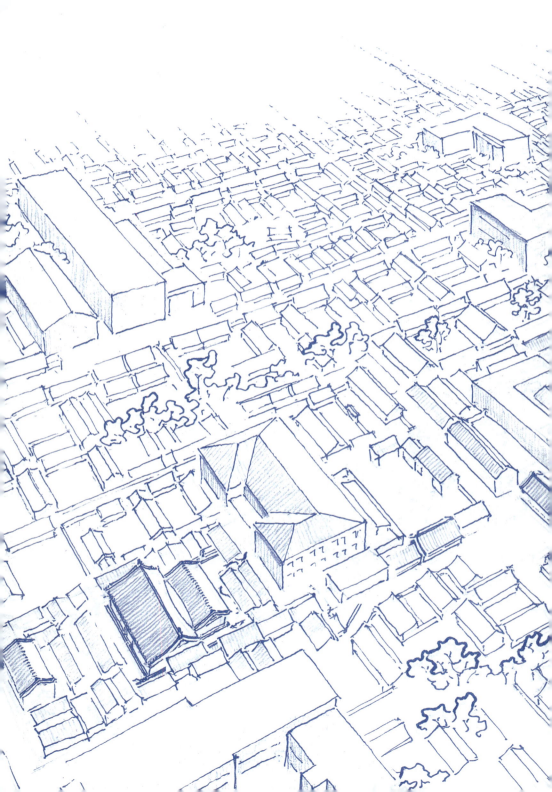

百花深处——元大都的吉光片羽

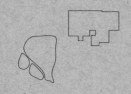

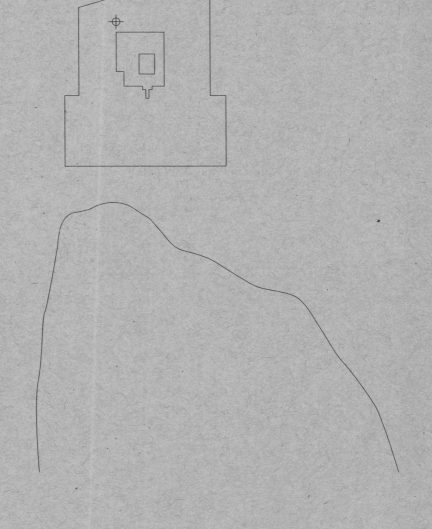

不敢在午夜问路，怕走到了百花深处……

陈升的《北京一夜》让百花深处一夜闻名。

百花深处，如今仅仅是北京无数寻常巷陌中的一员，这里已无百花，也不复幽深。可这诗意到超越现实的小巷名，到底曾经隐藏着什么难以触碰的神秘呢？

要想讲明白这个故事，我们还是得先从它身边的护国寺说起。这座深邃的大庙是一处隐藏在城市中的洞天，如同一根细长的楔子钉在今天从护国寺街直到航空胡同之间的城市肌理中。在清代，百花深处还是护国寺拦腰处的一条死胡同，是从后身进入护国寺的一条隐秘通道。它仅仅止步于大庙前后院之间的夹道，并没有像今天一样，从大庙前后院遗址之间穿过，向东与护国寺东巷连接。

大隆善护国寺是北京城里存在过的少有的巨刹。这座与元大都同龄的大庙曾经使用过多个名字，它最初的名字"崇国寺"原是从金代燕京的一座古刹继承而来的，金中都废毁后，古刹衣钵，幸而留存，并随着元大都的兴起而得到忽必烈赐地，从此迁址北城。元亡之后，明代皇室对延续这座故国名刹的香火有过一系列指示，宣宗赐新名"大隆善寺"；英宗时的宦官群体对北京刹宇的勃兴助力颇多，经过一番修缮，又从旧名中借一字，称"崇恩寺"；到了极为崇奉佛教的宪宗成化年间，大修扩建之后最终被定名为"大隆善护国寺"。但这些寄托着佛门宏愿的名字早已随着寺庙所历经的各个阶段消逝在历史中，今天人们所能记住的，只是这一串名字中的最后三个字，以及以它为名的连锁小吃店（护国寺小吃）而已。

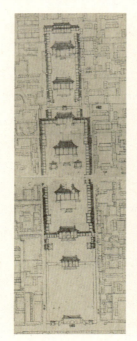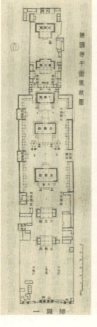

那时的百花深处到底通向了什么样的秘境？我们还得先回到1935 年，透过建筑史学一代宗师刘敦桢先生的目光，去看看那时的它。

半截古殿与国际接力　　那是强敌压境的年代，日本侵略者正在东北三省觊觎中原。38 岁的刘敦桢先生是中国营造学社文献部主任，在那动乱的年代为记录北平古迹而奔走。距离他住处不远的护国寺已经吸引了他的注意力，他于是决意进行一次详尽的考察。我们不难想象，以营造学社那时的研究方向，当刘敦桢先生走进殿宇倾颓的护国寺的时候，他在期待着什么：身为辽、金、元、明、清五朝古都的北平，是否在某个角落里还留有明代以前的建筑痕迹呢？是否还能找到某些北宋《营造法式》中残留下的匠意呢？

↑ 从左至右：《乾隆京城全图》中的护国寺、刘敦桢先生 1935 年绘制的护国寺平面图、今日护国寺遗存（笔者在航片上加绘）

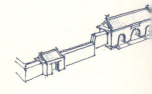

这一日没有庙市，护国寺空旷冷清。山门封堵不开，刘敦桢先生从角门走进寺院，映入眼帘的是空空的夹杆石，以及破旧的香炉和殿顶长满荒草的金刚殿。殿宇呈现出明末清初的风格，并非先生意欲寻找的目标。他大概想不到，多年以后，这座金刚殿会是整座护国寺仅有的为公众所了解的遗构。绕过金刚殿，残存的鼓楼，几乎彻底坍塌的天王殿、延寿殿，殿顶露天的崇寿殿，整座大庙的破败令人咋舌。刘敦桢先生没有停下脚步，只用目光扫过几座残构上尚能昭示其年代的细节——它们都是明代成化年间那次重修之后的状态了。

角门是指大门两侧的次要入口，一般成对出现。一些建筑群平时往往关闭正门，仅以角门作为日常出入通道。护国寺山门两侧曾各有角门（左）。一些高等级的建筑群的角门也承担礼仪功能，如故宫太和门两侧的昭德门、贞度门在明代始建时，也曾径直以"东角门""西角门"为名（右），在发生灾祥等情况下，皇帝在西角门视朝。

夹杆石是固定幡竿、牌楼柱等较为孤立的木柱的石质结构，一般由四个或两个纵向石构件围成，加以铁箍或木栓固定，从四周夹持柱体，避免其倾斜。不同性质与等级的旗杆、幡竿会应用形态各异的夹杆石。下图中的三个夹杆石案例分别是内城东南角楼段城墙上旗杆夹杆石（左）、雍和宫幡竿夹杆石（中）、钦安殿幡竿夹杆石（右）。

或许整座护国寺已没有明代以前的遗存了。刘敦桢先生这样想着，向前院的尽头，今天被称作"百花深处"的夹道走去。北京建筑史学史上的重要一刻便发生在这一瞬间：在百花深处的路南，大庙的第五进殿，即被俗称为"土坯殿"的千佛殿闯进了他的视线。这座殿毁坏得比前面四座摇摇欲坠的大殿还要严重，它只剩半截，土坯殿墙露出了墙里的木筋。这些"残肢"能否再挺立十年已成疑问，但就是从这歪闪扭曲的梁柱之间，先生一眼看出，以其细节处的手法，这必是一座十分古老的结构，它的日久年深超过了护国寺中的其他建筑，超过了故宫的殿堂，超过了这座故都尚存的任何一处木构，它是那个年代的北平当之无愧的"木构寿星"。

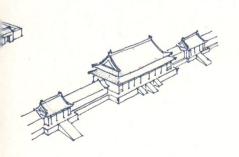

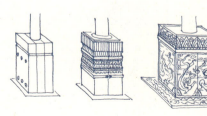

29

↖ 1935 年的护国寺金刚殿与今天经过修缮的状态有着天壤之别（刘敦桢摄，《北平护国寺残迹》）

↗ 1935 年的护国寺延寿殿已经彻底露天，只剩一片檐角（刘敦桢摄，《北平护国寺残迹》）

← 1935 年，护国寺崇寿殿明间与东次间梁架已经坍毁，但平展的屋檐依然显示着明构的风范

↓ 1935 年，护国寺千佛殿（土坯殿）已经处在灭失边缘（刘敦桢摄，《北平护国寺残迹》）

　　"阑额纯属辽式"，刘敦桢先 阑额是宋代《营造法式》中的建筑术语，指连接两根立
生在他的《北平护国寺残迹》中短 柱上端的横向拉结构件，矩形或近似矩形截面。如有两
短的一句话，毫不掩饰他在这明清 根同类构件拉结柱端，则靠上的称阑额，靠下的称由额。
故物的海洋中发现一颗更加古老的明珠时的激动。土坯殿真的会 清代建筑术语分别称之为大额枋、小额枋。↓
是辽代的建筑吗？簇拥着大殿的是元代的碑铭，其中还有一通透
龙碑，是赵孟頫的手书。从碑铭可知，这座土坯殿的正名叫三仙
千佛之殿。只可惜巍巍遗构，当时已经气息奄奄。先生转而怅惋，
他多少还是来晚了一步，1935 年时，这座大殿的阑额之上已经
没有一朵斗拱了，不可能再进行更深入的断代了。

　　幸运的是，刘敦桢先生并非关注过护国寺千佛殿的唯一一人，
也并非最早一人。刘敦桢先生当时还不知道，在他考察护国寺
二十六年之前，有另一批人马也曾经在此停留，留下了更早的影
像资料。

　　20 世纪初，法国银行家阿尔贝·肯恩（Albert Kahn, 1860—
1940）资助了一批摄影师，前往世界各地拍摄风土人情，他本人
也多次跟随考察队伍出行，最终形成了一部具有划时代意义的摄
影作品全集"星球档案"（Archive de la planète）。这一摄影史上

↑　2019 年的护国寺金刚殿，已经湮没在附近的商业
建筑之间（笔者摄）

的非凡壮举在当时还不被理解，肯恩被看作一位在蛮荒之地挥霍家财的玩主。但"星球档案"的价值却随着时间的流逝而日渐凸显。在涉及中国的影像资料中，有 25 张拍摄于 1909 年 1 月 28 日的照片以北京护国寺的建筑和庙市为表现对象，拍摄者为肯恩的朋友兼私人司机阿尔贝·杜特尔特（Albert Dutertre），其中有两张照片明确表现了当时尚未损毁殆尽的三仙千佛之殿。在多年之后，这两张照片重现于世，弥补了刘敦桢先生的遗憾。根据对这两张照片的分析可知，当年的千佛殿虽然并非刘敦桢先生期待的辽代建筑，但确实为元代遗存，并且很可能是北京老城元代官式木构的最后孑遗。

历史就仿佛是一场接力，所有对当下的记录终将留给未来。如果不是阿尔贝·肯恩与刘敦桢先生在并不相识的情况下所达成的这场摄影师与建筑史家的隔空合作，我们将无从得知，元大都的殿阁背影竟然从元顺帝出逃的那一刻恋恋不舍地逶迤流淌到了

↖ 1909 年的护国寺千佛殿（三仙千佛之殿），对比刘敦桢先生的照片，可见 26 年的时光对一座老屋的磨蚀（阿尔贝·杜特尔特摄，阿尔贝·肯恩博物馆藏）

↗ 1909 年的护国寺千佛殿（三仙千佛之殿），市民们正在围观法国摄影师。精致绝伦的元代隔扇菱花在他们身后留下了最后的影像（阿尔贝·杜特尔特摄，阿尔贝·肯恩博物馆藏）

20 世纪初。在漫长的城市新陈代谢中，元大都就如同一片渐渐干涸的海洋，一街一巷、一殿一屋地缓缓让位于明清两代的城市化实践。直到这海洋的最后一滴水就快要消失在北京尘土飞扬的地面上时，被肯恩与刘敦桢先生抓了个正着。二人一个无心，一个有意，就这样告诉后世，我们与一个古老的时代碎片仅仅以小小的差距失之交臂。

至此，我们似乎可以揭开百花深处的秘密了。它仿佛把一种时空魔法笼罩在了城市的一个局部，一个死胡同的尽头。而从这里，人们曾经可以通往元大都仅剩的一块空间碎片，一处静静地藏在岁月蹉跎之外的洞天。这里不仅有一座千佛殿，还有一座很可能是当时北京最为古老的垂花门，两尊金元风格的石狮，以及两座元代舍利塔。所有这些来自另一个时代的遗存就这样密集地躲藏在这条死胡同的尽头。庙市的人群来来往往，这里却不为外界所感知。

垂花门得名于其前檐的垂花柱，一般用作院落的二门。北京民居中的垂花门一般设计为"一殿一卷式"，即两个屋面前后搭接，前面的屋面有屋脊，后面的屋面为没有屋脊的卷棚顶（左）。刘敦桢先生发现，护国寺的垂花门结构与一般院落中的不同，保留有比较高古的手法，应为明代遗构。我们从现存影像资料出发可以大致还原护国寺垂花门的梁架（右），这是一座前后檐皆有垂花柱的结构。

直到不可抗拒的时间终于击破了百花深处的结界，让无声而不可逆的宇宙规律湮没了它。

百花盛放与漫长的凋零　百花深处到底因何得名，至今尚无定论。

我们可以说，百花深处曾经是有"花"的。因为千佛殿的一个不能忽视的特点就是其繁复多样的隔扇菱花。可惜 1935 年时千佛殿隔扇菱花已全部灭失，刘敦桢先生未能得见。这些雅致绝

 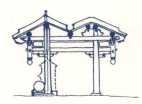

伦的元代菱花，把"百花深处"的名实相符坚持到了最后一刻。

护国寺的门窗精美，这一特色在历史上已广为人知，如《城西访古记》中所载："此寺建时，穷极工巧，窗棂之纹，瓦当之式，均无同者。"从 1909 年的照片来看，千佛殿的元代隔扇菱花形制最为罕见，其精致多样冠于全寺。而这些菱花的形制竟又与《永乐大典》残存的卷三千五百十八中所辑录的元代建筑文献《梓人遗制》中的多种菱花相符，可以看作《永乐大典》的实物标本。如今《永乐大典》十不存一，护国寺遗构也十不存一，可这两位站在飘摇独木舟上的残躯老者竟然在历史的下游对上了话，倒也仿佛刘敦桢先生与阿尔贝·肯恩的未曾谋面的相知。

从 1909 年到 1935 年，整座护国寺迅速地破败下去。而从 1935 年再到今天，历史已经彻底改变了整座城市的面貌，存废交织，又不仅在一座护国寺。在刘敦桢先生的探访之后，护国寺的几座正殿很快相继消失，今天我们已经很难知道那座千佛殿是哪一天被湮没在了燕京的风尘中。在那之后，护国寺的庙会依然持续了一段时期，可在千佛殿遗址前来来往往的行人却不可能理解今日学者们的遗憾：乱世之中，七百年的遗构，终以几十年之差没能留给未来。

千佛殿是护国寺前院的最后一进殿宇，当它消失之后，大庙的前院与后院混为一体。多少年来止步于后院西角门的百花深处终于渗进了古老的佛刹，在昔日的梵宇脚下辟出了一条寻常巷陌。庙墙消失了，僧众离开了，地盘改建了，护国寺缓缓地在城市的背景与人们的记忆中淡去。

北京曾经的梵宫琳宇，在历史上往往有着激烈的命运：或在

↑ 护国寺千佛殿的六种隔扇菱花示意图（笔者绘，比例尺不统一）

↓《永乐大典》卷三千五百十八中记载的几种隔扇菱花，与千佛殿菱花形制相符或近似（从左到右：球纹艾叶、龟背嵌蒺藜、凌花艾叶龟背、聚六龟嵌圆盒子）

升腾的烈焰中"一炬忽收天上去"（王恽诗），或者在政治性的拆撤中砖瓦委地。护国寺呢？它的遭逢最特殊，也最自然；最令人释然，也最令人叹惋——直到今天，它还孤独地在存与灭之间挣扎，在零落中勉力讲述着新的城市故事。它是北京罕见的一处仍在平稳演变中的城区型历史建筑群遗存，如同一株与森林背景融为一体的大树残根，正在经历一场仿佛不紧不慢的散文一般的自然消亡。这个过程是如此漫长而持续，百花深处的静谧一点点被岁月磨蚀。2004年6月的一个深夜，突然冲天而起的火焰带走了护国寺的最后一座明代偏殿。护国寺就像昔日北京的一个缩影，人们总是挥挥手，说它不剩什么了，可是等到它又失去了一部分，人们才意识到原来它还如此丰富。

↑1935年，护国寺千佛殿（三仙千佛之殿）殿后夹道路南，远处可见西角门。今日已演变为百花深处东段（刘敦桢摄，《北平护国寺残迹》）

今天，护国寺依然躺在大地上，但它的残存片段已少有人知。历经岁月，这座大庙的前院，曾经坐落过天王、延寿、崇寿和千佛四座殿宇的位置，还保留着元代佛刹的尺度，弥足珍贵。这座大庙门前的护国寺街于 2009 年至 2011 年经过改造，重新成为一处热闹的商业街，分号早已遍布全城的老字号护国寺小吃在这条街上有两家门店，每天和这里的其他商铺、宾馆一样，等待着华灯初上之时的盈门之客。从街西口进来的人们匆匆而过，并没有多少人会注意到灯火阑珊的护国寺东西巷，更很少有人会绕过压在护国寺山门原址上的"护国新天地"，去看看那座孤单的金刚殿。至于还要再继续北上几百米才能看到的百花深处，以及整座大庙最北端隐藏在重重曲巷中的功课殿，就几乎没有游人能把它们和护国寺这三个字联系起来了。

↑ 1935 年，护国寺千佛殿（三仙千佛之殿）殿后夹道路北，后院垂花门残状。刘敦桢先生注意到这座垂花门颇有古意（刘敦桢摄，《北平护国寺残迹》）

↑ 1935 年的护国寺功课殿（刘敦桢摄，《北平护国寺残迹》）

↓ 2024 年的功课殿，门窗隔扇已经过修复，所在院落正在腾退（笔者摄）

　　解体的大庙恰恰因为自己的破碎而收藏了很多故事，仿佛一地散落在迷宫中的珠玉。昔日的殿堂院落如今已盖满小楼，当年的廊庑又挂满衣裳，曾经的禅堂后面能在黄昏时散出肉香。走在那些仿佛没有出路的小径上，忽一抬头，又是一条新路；四下踅摸，竟还能在窨井旁找到千佛殿錾花的元代柱础。时间让一切都成为可能，曾经那七座殿堂的幽深，又化作了百户人家的日常。

　　走在百花深处，人们有幸明白一个道理：在迷宫般的空间深处，

柱础又称柱顶石，是承托木柱的石构件，其本身又由更大的承重结构磉墩承托。柱础平面一般呈方形，或与建筑平面形态相配合而呈六角形或八角形。它的顶面与建筑室内地面标高相同，中部向上凸起与柱根接触。柱础的表面露明部分往往会加以雕饰，造型多样。官式建筑的柱础形式一般较为模式化，至近世主要有覆盆式（左下）和古镜式（或作"鼓镜"，右下）两种最常见形态。护国寺千佛殿的柱础为覆盆式。　　　　　　↓

时间会减慢速度，因为它被讲不完的故事凝住了。一座小小的杂院可以拥有无穷的角落，每个拐角都是娓娓道来的说书人，身处其中，就是身处一个完整的世界。人们可以整饬它，修缮它，改变它，故事都会继续讲下去。除非有一天，这院落和小巷被推平了，所有的故事都蒸发了，空间的魔法被解除了，人们才会突然发现，原来这小院的地盘才这么大而已。

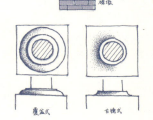

↖ 1935 年，护国寺千佛殿的元代柱础（刘敦桢摄，《北平护国寺残迹》）

↗ 2023 年，千佛殿东北角柱的元代柱础，与窨井为邻（笔者摄）

21世纪初，人们就曾经研究过恢复护国寺原貌的可能性。

古刹的重光总是令人欣慰，人们急需把这座大庙从火灾隐患和彻底消亡的风险中挽救出来。到今天，护国寺前院西侧廊庑已经腾退，这座大庙依然在静静地等待着它的命运。大庙前院庑廊西北角，曾经的千佛殿西边，至今还有一棵老枣树，仿佛是休眠中的护国寺那醒着的魂魄。人们随时可以唤醒这座大庙，用木料，用砖瓦，用丹青，用桐油，让它以当年刘敦桢先生没有机会看到的状态回到人们身边来，让这里再次聚起庙会，修复千佛殿和它那些绚烂的菱花，弥补北京城内没有留下完整元代风格木构的缺憾。人们也可能会暂时让这大庙继续沉睡在市井的缝隙中，让慕名而来的访古者们静静聆听它的梦呓。

在这个一切都在加速变化的世纪，几乎可以肯定护国寺的新生很快就会有个眉目。但无论它是以什么方式到来，只要这座大庙还有任何一部分留在北京老城平展的迷宫中，故事就都会继续。

只要人们肯向岁月问路，何妨走一回百花深处？

廊庑是院落式建筑群两侧延伸的附属建筑。古人称开敞式的走廊为廊，封闭式的可供居止的为庑。廊庑一般对主体建筑呈夹持或包纳之势，或四面合围而成周庑（左），或两厢对立而成东西庑（右），一般作为居室、库藏等使用。

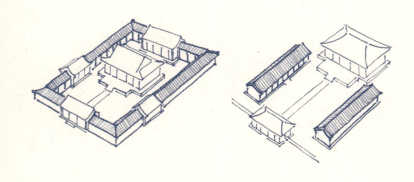

北京是一座布局规整的城市。赵正之先生、徐苹芳先生等学者经过观察测绘指出，"标准胡同间距"是北京老城南北向的重要规划模数，是元大都城市规划的基础。元代所规定的这一标准胡同间距（以胡同中线计算）约为50元步，即77.5米左右。而如果考虑到胡同的宽度，实际可以建设的间距则不到70米。当设定了这一间距之后，城市中所有宅邸、产业的用地进深也就被限制在这一尺度之内，相当于将老城划定为众多"标准地块"，而地块的格局也就决定了城市开发的格局。

明初以来，元大都北部五分之二的面积已经被放弃。但从明清北京与元大都重叠的部分依然可以看出，元大都在东西城墙上每座城门的大街之间、城门大街与南北墙之间均排布22条胡同，形成23个标准区间。这样一来，全城进深共有93条纬向道路，共92个标准区间。

元大都的格局颇为疏朗，城市建设从来没有完全充满这些标准地块。明清以来，北京城市人口进一步攀升，彼时的城市规划尚没有严格的道路红线管控，一些街区因为临街加建而导致街巷受到挤占，元大都规整的棋盘经纬开始受到扰动。

然而即便如此，观察现代北京老城肌理，就会发现在扭结蜿蜒的道路系统中，相当一部分东西向胡同段落仍然呈平

城市密码考

经纬烙印与庭院深深

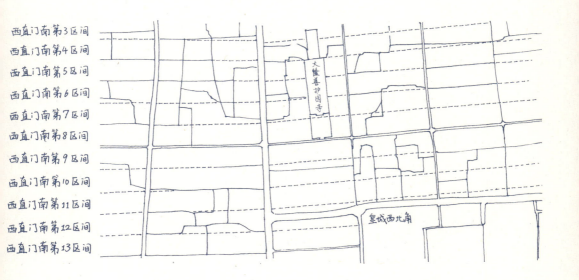

西直门南第3区间
西直门南第4区间
西直门南第5区间
西直门南第6区间
西直门南第7区间
西直门南第8区间
西直门南第9区间
西直门南第10区间
西直门南第11区间
西直门南第12区间
西直门南第13区间

大隆善护国寺

皇城西北角

↑ 元大都的城市经纬也并非全然平直，西城部分的纬向肌理在护国寺地区（即后海以西、新街口南大街以东的区域）呈现显著的偏斜。这可能与什刹海水面的存在有关（笔者绘）

行分布，并保持着元代规划的 77.5 米间距。其中一些较呈规模的平行胡同街区在现代语境下得到了编号式命名而为人熟知，如西四北头条至八条、东四头条至十四条等，另有一些街区则已经模糊了原有的规整格局。尽管这些平行线的许多段落已经消失或偏移，如果我们将它们的残段重新在地图上连接起来，就会发现元大都的"标准区间"矩阵仍然清晰地贯穿了整座城市。一些东西向的胡同段落看似相距很远，但实际上却可能曾经源自元大都的同一条纬线，比如东城区的汪芝麻胡同和西城区的前车胡同，一东一西，远隔皇城，它们分别是东直门南第 12 区间和西直门南第 12 区间的南界，在元大都的规划图上，曾经是同一条线的两段。

在理论上，两条胡同之间的距离决定了宅邸的最大进深。然而，在实际城市建设中，总有一些规模较大的宫苑、坛庙、衙署、仓廒等公共建筑群的进深要突破一个标准区间，此时截断胡同便不可避免。我们如果观察这些如今尚存或者有遗迹可考的建筑群，就会发现，它们的进深都趋向于标准区间的整倍数，以恰好嵌入平直的街巷矩阵，最大化地利用空间。即便是明清时期乃至近现代的建置，也大多有意无意地遵守了这一元大都规划模数。

作为西城巨刹，护国寺在北京的诸多寺庙之中拥有着特异的进深。如果仅以其金刚殿（在元代曾为山门）至廊院后殿千佛殿之间的主体部分计算，护国寺的进深恰为三倍标准胡同间距。也就是说，元代

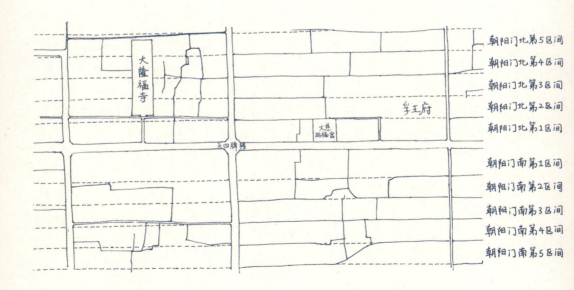

↑ 东四地区的胡同群落非常好地保留了元代的胡同肌理，大型建筑群镶嵌在规整的胡同中，展现出如缂丝般"通经断纬"的穿插感（笔者绘）

香客们在这座寺院中走到底，相当于穿过了三座理论上最大进深的宅院。而明代对护国寺的扩建将其用地向南北拓展，拓展后的进深已经超过了五倍标准胡同间距。

护国寺这处日渐模糊的元大都空间遗存也给了我们机会，让我们思考城市空间密码的脆弱与易逝。诚然，平面肌理比建筑物本身更能持久，假如一座历史建筑群彻底让位于新的建设，它所留下的建设用地的进深也仍然将是标准胡同间距的整数倍——正是因为这样的痕迹，使得城市史地研究者们得以在北京的寻常巷陌

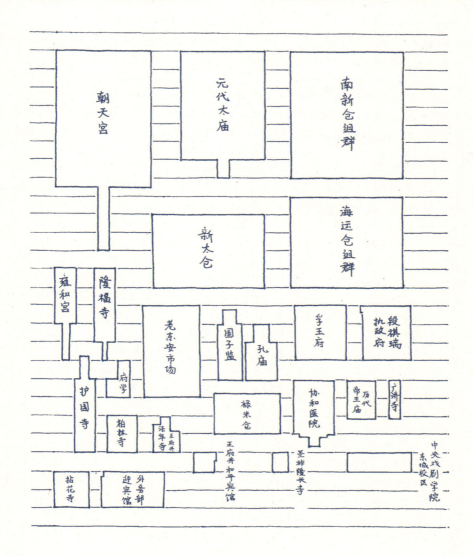

↑ 北京老城中部分进深遵循元代标准胡同间距的建筑群规模对比（笔者绘）

中发现历史上曾经存在过的大建筑群的基址。这些消失的历史建筑群如同城市街巷中的空泡一样，可以被各种不同的东西填充，被不同的时代继承。

在后续的章节中我们还将会看到，历史文化街区中的遗存形态可以极为多样，它们时刻提醒我们，当古人规划城市的时候，遵循了某些严密的空间规则。这些规则与如今的城市规划不尽相同，但其原理是类似的，即将广阔的城市空间划定为一系列标准化的单位，使得开发主体的多样性服从于全局的结构设计。几百年间不断演变的街巷中，总有那么几个角落，能让后世的营造者们短暂地"与古人暗合"。然而，这些肌理遗存、形态遗存并不属于任何文物保护单位，它们往往在城市基础设施建设的过程中被牺牲掉。甚至有时候，一次道路拓宽有可能因为仅仅向一侧展拓而使得历史轴线发生偏移；一次太过随性的老房翻盖也有可能让一处具有城市空间标识作用的院落改变规模，让古人的规划意图变得模糊。

城市最显著的是建筑立面，但它的根基在平面。20 世纪 90 年代到 21 世纪最初的几年，当老城消失的趋势达到顶峰的时候，许多胡同都被从地图上抹去。如今老城已经摆脱了成片消失的危机，一些当年灭失的院落还通过恢复性修建政策得以重现旧观。但是那些被彻底压占的胡同与街道，却是极难再现了。

逊避

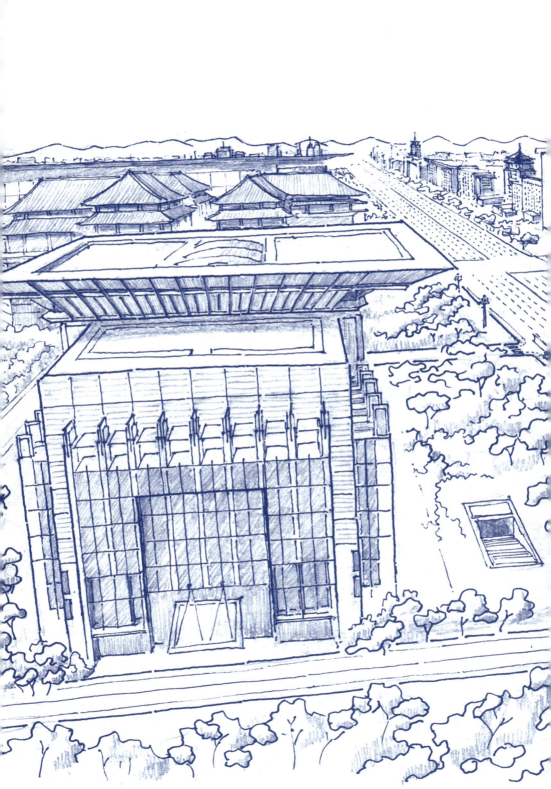

双塔、墙与街的故事

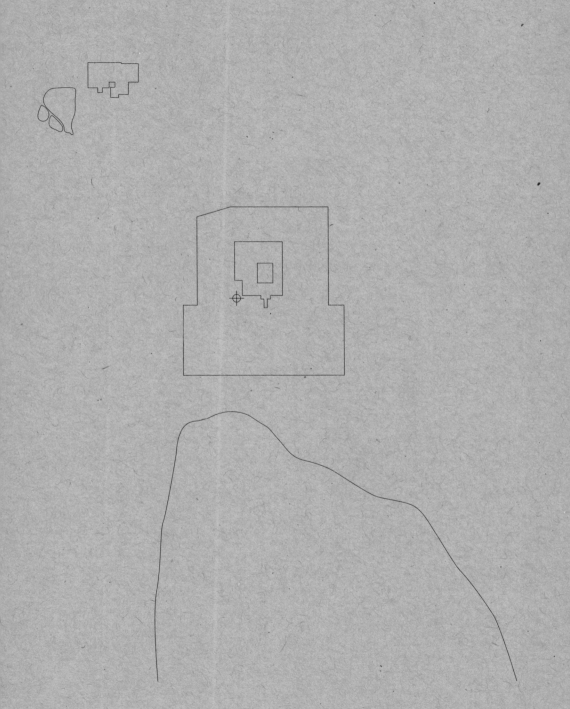

如果我们从西向东走在西长安街上，经过人潮涌动的西单图书大厦和民航大厦，走向骤然宁静肃穆的电报大楼和皇城红墙时，我们能隐约感觉到，长安街在这里有一个轻微向左的转向。好像随着长街转过某个很小的角度，天际线上国贸一带的巨厦就突然从皇城的高树后面跃然眼前了。

2009 年，长安街的这一段被拓宽，这处细微的转向便不再能轻易感觉出来了。随之而淡去的是长安街上一段七百多年的往事。

挥之不去的塔影　　至元四年（1267），元大都在金中都故城东北郊一片开阔的处女地上拔地而起。然而，彼时的燕京尽管饱经战火，百废待举，却仍然是天下一大都会，几十万城乡居民的家园，这里并不存在什么绝对空白的土地。随着元大都的营建，一些在更早的时代便已经存在的园囿、村落与寺庙被包纳进了这座当时世界上占地面积最大的崭新城池并得以存续，其中就有我们熟悉的琼华岛、团城、白塔寺、西四广济寺、万松老人塔和西四北大街的护国双关帝庙等名胜与史迹。然而在这些古迹中，却有一处十分不巧、与元大都的规划发生了冲突，面临存与废的建筑。这便是古木繁荫的庆寿寺。

庆寿寺是金中都北郊的名刹，其占地面积广大，元大都在擘画时显然已经考虑到将其完整地包入城中。然而城址浩大，规划建设难免有百密一疏之处：庆寿寺的西南角处有海云大师、可庵大师这对金元之际著名禅宗师徒的墓塔，双塔均为密檐塔，其中海云塔外观为

塔是佛教建筑群中用来标识舍利等法物所在的建筑，其原型是南亚地区的半球形"窣堵波"。佛教传入中国后，塔的形式日益多样，在北京所能见的即有密檐塔（左一，以天宁寺塔为例）、覆钵塔（左二，以妙应寺白塔为例）、楼阁式塔（中，以法藏寺塔为例）、金刚宝座塔（右二，以真觉寺塔为例）和密檐塔的变体花塔（右一，以房山万佛堂塔为例）等。一些高僧圆寂后，其舍利埋藏处也建塔作为标识，即墓塔。大部分墓塔的造型为密檐塔或覆钵塔。　　　　↓

九层，比例高耸细瘦；可庵塔外观为七层，塔体收分略大，显得更为敦实。这两座塔前凸于寺址，正好阻碍在元大都南垣的必经之路上。

元大都是一座规划在先、经纬分明的城市。在隋代宇文恺修筑大兴城（唐长安）以后，世界上还没有兴建过如此尺度的标准矩形平面城池。元世祖下旨营城，一时百工执艺，大都的蓝图投射在华北平原上，其四面城址平直如绳，似箭离弦。如果南垣直通而过，便要牺牲这两座古塔。这一特殊的城市建设动态很快被上报给了忽必烈，他下旨"圈裹入城内"（《析津志辑佚》），令大都南垣主动弯折，放弃了其原本规划的完美平面，"远三十步环而筑之"（《元一统志》）。一元步约等于 1.55 米，远三十步即在塔与墙之间留出了约 46.5 米的距离。由于文献较为简略，关于元大都南墙到底是以何种形态绕出了这段曲线，曾经有各种推测想象。例如，赵正之先生从明清以来北京长安街及其延长线的形态出发，认为元大都南墙在庆寿寺及其以东段落全线南移（元大都平面复原图，《元大都平面规划复原的研究》）；而徐苹芳先生、侯仁之先生则将这一弯折表现为一处小范围的局部凸出（《元大都的勘察和发掘》《北京历史地图集》）。

暂时忽略这些具体复原的差异，这几位前辈学者们都为我们指点了同一个事实，那就是：历史上的城市化实践，一旦涉及城市的平面格局，即便其本体灭失在漫长的历史中，也注定为后世留下难以泯灭的线索，让当年的营构有迹可循。元大都南垣如今已不复存在，但它却影响了明代以来北京长安街的走向。而当年

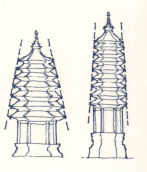

50

它为了包纳庆寿寺双塔而转过的曲线，也就从此留在了长安街上。不同时代的城市实践就这样在同一个平面上不断叠加，而大量的城市密码便隐藏在城市的肌理遗存——那些寻常巷陌之间。庆寿寺的双塔可谓北京的一个时空节点，这两座不算宏大的结构，却通过忽必烈的一道谕旨，把自己的存在长久地烙印在了神州第一街的走向上。

京师首刹不得善终　　庆寿寺的故事很跌宕。作为紧邻皇城的巨刹，它注定要与国家仪典结下不解之缘。在元代，一年一度万人喧阗的游皇城仪式便以庆寿寺作为皇城外的人员集散地，参与者云集寺中享用素斋，然后列好队形，沿皇城西墙北进，从今西安门处进入皇城。百艺杂陈，

"游皇城"是元代大都的一项由宫廷组织、地方与民间共同参与的观赏性游行活动。皇室成员在玉德殿、仪天殿（今北海团城）、隆福宫等处设观赏席位，由皇家乐队以及经过挑选的民间社火团队组成的盛大游行队伍围绕一系列花车（"坛"）式表演平台进入皇城，从皇家观赏席位前经过，最终抵达宫城。在元代初期，这项每年举行的活动具有较强的宗教含义，至元代后期演变为君民同乐的狂欢。

↑ 1890 年的庆寿寺双塔与西长安街，可见西长安街在这一段落有轻微弧度

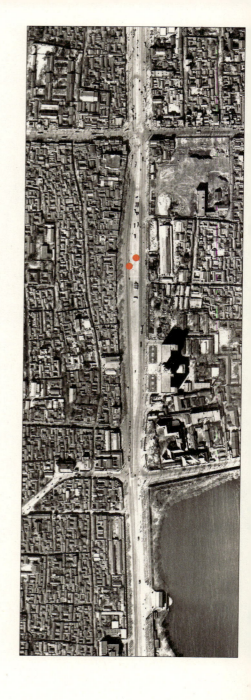

十北

↑《乾隆京城全图》中的庆寿寺双塔位置及西长安街在
庆寿寺段的弯折（双塔的位置以红点标识，红点的大小
不代表双塔的实际占地规模）

↑ 1959 年航片中的庆寿寺双塔位置及西长安街在庆寿
寺段的弯折，此时西长安街弯折段的北边界已经拓宽取
直，双塔已拆除（双塔的位置以红点标识，红点的大小
不代表双塔的实际占地规模）

花车延绵，在为皇室成员演出的同时，也让许多民间大众有机会一窥禁苑。

在明初，曾经在明成祖永乐皇帝夺取帝位的一系列决策中立下不世之功的姚广孝，也选择终老于他曾经住持的庆寿寺。功臣身份本身所具有的风险让他进退两难：归隐山林已不可能，而参与朝政则如同利剑悬顶。当姚广孝以太子少师的身份回到庆寿寺为僧的时候，他向他所辅佐的永乐皇帝做了一个微妙的宣示：臣子的任务已经完成了，也无复所求于陛下；但是君臣的牵绊依然深厚，即便为僧，也不愿远离宫阙九重，依旧在长安街上遥望。姚广孝的一生在袈裟与朝服之间转换，这仿佛是庆寿寺命运的缩影。明代的北京巨刹如云，但能把山门开在长安街上的，也仅仅这样一座而已。这成就了它超群的地位，但同时也让它注定无法平静。

明正统时期，庆寿寺达到了它规模的巅峰，在大太监王振的主持下，庆寿寺被扩建为大兴隆寺，成为北京诸寺之冠。然而对于这样一座习惯了在岁月中平静度日的古刹来说，骤然的勃兴、全新的名号，打破了延续两个朝代的安闲，却并非佳兆。在王振身败之后，多座内官主持建设的大寺地位一落千丈，遭到政治性的冷落乃至拆撤。嘉靖十四年（1535），大兴隆寺遭遇火灾，损毁严重，毫不掩饰地崇道抑佛的明世宗嘉靖皇帝没有给它第二次机会，而是借机废除了这处古刹，将其殿堂基址直接铲为白地。自元

↑ 散落在胡同中的庆寿寺石构件（笔者摄）

代以来与皇城为邻的胜迹就此还原成一片黄土。

一处长安街边的空白地块对于制礼作乐、关注国家坛庙建设的嘉靖皇帝来说，是很有吸引力的。他的臣下有的也迎合他的癖好，提议拆除北京城内的大刹，改建为辟雍、明堂等合乎古礼的城市设施。然而嘉靖皇帝犹豫再三，并没有在此兴建什么新的大型建筑，只是按其位于皇城西部、方位对应兵刑之事的堪舆属性，将其用作讲武堂。若干年后，嘉靖皇帝斋居西苑，与庆寿寺原址隔墙相距不远，颇受兵士嘈杂的干扰，又考虑到在皇城墙下演武终究不是雅事，于是再改为演象所，利用这一地块恰好位于内城西南角的象房与紫禁城之间的位置，演练礼仪用的大象。进入清代，北京城市密度陡然上升，皇城区域向市民开放，大量前明时期的空闲用地和荒废衙署逐渐被民居和商铺充满，庆寿寺原址终于隐没在寻常巷陌之中，仅有几座补建的小庙零星分布在曾经宏阔的寺址上。到了热爱溯古的乾隆帝治下，人们依托仅存的双塔，兴复了一座小小的"双塔庆寿寺"，以承载这四朝故迹最后的魂魄。

庆寿寺所遭遇的骤然盛衰，留下的文献并不多，只有海云、可庵两位大师的墓塔在一角静静地看着这场兴废，仿佛参了一场很漫长的禅。海云与可庵为师徒，而可庵与擘画元大都的<u>刘秉忠</u>亦为师徒。伽蓝废毁，而高徒奠定的城池依然传续，两位高僧或许能感受到些许慰藉。明代以来，北京

刘秉忠（1216—1274），元代初年政治家，"大元"国号的提出者，元世祖时期汉法治国的主要推动者，元大都的规划者之一。元代中后期，元人对于营造大都的记忆往往将刘秉忠作为主角，认为他根据星宿方位安排元大都的宫殿衙署等建筑群，"以王气为主"，是不可改易的蓝图。

↑ 塔中的海云大师碑如今尚存，2023 年出现在扬州大运河博物馆的"大都：元代北京城"展览上（笔者摄）

内城的南城墙早已向南移动，这两座塔不再处在城垣的阴影下，却因为前凸于长安街上，成为从西单牌楼东望的对景。历史上北京市民曾经对"长安分塔"的景观津津乐道：从西单路口遥望双塔，会觉得长安街将从两塔之间穿过。然而实际走过去，长安街却绕过双塔南侧而行。寺废而塔独存，通衢大道的喧嚣，不知是否曾让海云、可庵这两位北京城的老牌市民感叹"长安居大不易"。

离开、挽留与再会 　这两位禅师在北京城的安居一直持续到1955年。从此前一年开始，长安街经历了一次前所未有的拓宽，庆寿寺弯折的北边界被取直，这两座不大的砖塔正值筑路要冲，再一次面临 1267 年的境况。我们无从得知，当 1267 年元大都的南墙冲犯双塔时，元大都的规划师刘秉忠是否曾因为涉及自己的师父可庵而出面主张保留双塔。而我们必须记得，在 1955 年，明确站出来主张为后世保留双塔的是梁思成先生。作为我国杰出的建筑史学家和建筑大师，他的职务与头衔众多，足迹遍布世界。但当他以屡败屡战的热忱执着地希望为这座古都再多留下一个故迹的时候，他首先是这座城市从古

↖ 梁思成构想的庆寿寺双塔街心公园保留方案表现图。从图中双塔与电报大楼的位置关系看，双塔实际上被表现得过于靠东（关肇邺绘）

↗ 1955 年，西长安街拓宽、庆寿寺双塔被拆除之后，西长安街庆寿寺弯折的南边界依然清晰可见

至今规划师队伍中的一员，与元世祖身边的刘秉忠隔着几乎一整部北京建都史遥相对话。

最终，梁思成先生没有成功。庆寿寺双塔在1267年躲过的命运，终究在将近七个世纪之后降临在了它们的头上。只有一张"双塔街心公园"的表现图留给了后世，提示着我们历史的另外一种可能性。历史是复杂的，但当它作用在故物上的时候，却不外乎存与废这两种泾渭分明的道路。时间的严酷，大抵就在于这种不平衡。

2019年，以长安街及其延长线的景观规划为契机，人们再一次想起了这两座已经消失许久的古塔，想到了重新邀请它们装点百里长街的可能性。或许有一天，双塔的轮廓将会又一次出现在长安街畔，回溯一场从元代跨越而来的旧梦。新的双塔或许仍是砖构，或许是现代材质的雕塑，或许是植被造型，或许只是光影。当它们归来的时候，我们并不会真的改写历史，长安街的弯折已经无法重现，海云与可庵也不会回到这里，他们分别在1267年与1955年所遭遇的两段截然不同的命运依然会被后世史家相并书写并加以评判。但双塔若能重现，依然将会让某一段城市传奇得以从无依无着的天空中回到地面，让某一段故事得以更顺利地讲下去。

北京的历史文化名城保护实践如今正在走向一个新的阶段，在"应保尽保"的原则下，北京老城的各级文物保护单位、普查登记在册类文物、历史文化街区、历史建筑、地下文物埋藏区、部分景观视廊与空间体验载体都获得了日渐扎实的保护。然而，需要保护的史地遗存有时可能会更加微妙。假如庆寿寺双塔得以

留存至今，它们必然是受到严格保护的文物，然而长安街在它们脚下形成的弯曲又该算作什么类型的保护对象呢？诚然，肌理形态遗存往往比历史营构本体更能持久——西长安街的庆寿寺弯折比双塔本体多延续了半个世纪之久——然而作为物质遗存的一种特殊类型，它们却极端脆弱，一旦灭失，便几乎无法追回。

塔、墙与街的命运昭示了这一点。有的遗痕可以失而复得，我们因此而期待双塔的重现；也有的遗痕无可追挽，这便需要我们把它们的故事继续讲下去，哪怕它只是长安街上的一道弯。我们无法为过去负责，我们只能把这座城市的故事留给未来。

徘徊在庆寿寺双塔曾经的所在，每逢整点，电报大楼奏响的《东方红》依旧不紧不慢，一如往日。历史的声音与历史的形体，以及所有那些无从触及的印记，我们终究无法放任它们被时间带走，轻易消失在北京的天空中。

↑ 庆寿寺双塔曾经峙立的地方如今已是通衢大道，一派平直。长安街与两侧建筑的互动庄重严肃，让人难以想象昔日"长安分塔"的俏皮与亲昵长安街并不是一条直线，这一事实在地面上往往不易察觉，必须得从空中俯瞰才可以感受到。在合适的角度上观察，我们就会发现，即使庆寿寺双塔所导致的小范围弯折如今已经完全消失，但长安街依然明显在西单一带左折，至东单一带右折，使得长安街的中央段落偏离正东正西，形成一段显著的扭曲。

神州第一街居然不是直线，这恐怕与北京城给人们留下的绝对方正的印象存在反差。要想解读这一空间密码，我们还要回到长安街初创的时代去观察。

这一现象首先与北京的中轴线指向密切相关。众所周知，北京中轴线的指向并不与子午线重合，而是略微偏西将近2度。这一格局在元大都建立时即已奠定，连带着包括北京东西两面城墙、主要南北向道路等所有经向肌理都略微指向西北。然而元大都的南、北两面城墙却又都基本上是正东正西走向，连带着元大都所有的东西向道路胡同等纬向肌理都基本是正东正西走向。这就导致整座元大都呈现出近似平行四边形的轮廓，它的经纬矩阵并非精确的矩形，而是以非直角相交。

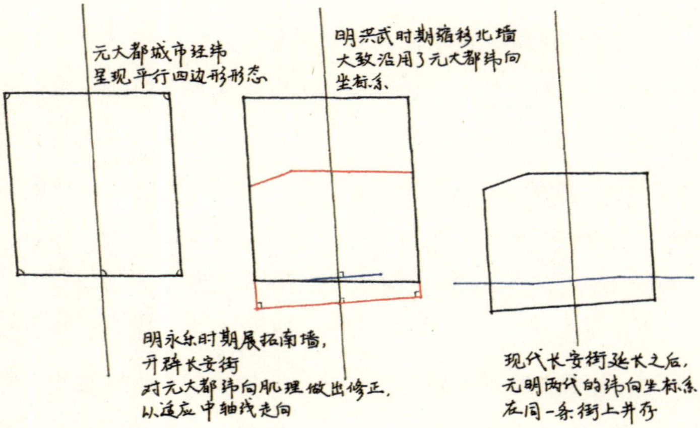

当明代永乐皇帝再次建都北京，开始营造北京宫阙的时候，当时的城市规划师们明确意识到了元大都所留下的城市肌理是一个平行四边形，而中轴线也并非一条精确的子午线。如果在新建宫阙时沿用这一格局，就会使得中轴线与每一条东西向的城墙、道路、河流等纬向肌理相交时呈现非直角形态，而这会给城市设计带来很多麻烦（我们并不太了解元代的城市规划师们是如何处理各个城市节点的非直角坐标系的）。于是，明代的规划师们在设计如今我们看到的紫禁城的同时，悄然发起了一次城市方向扭转。这次扭转当然不是要将中轴线的方向改变，因为这么做的成本实在太高了——

元大都城市经纬呈现平行四边形形态

明洪武时期缩移北墙大致沿用了元大都纬向坐标系.

明永乐时期展拓南墙，开辟长安街对元大都纬向肌理做出修正，以适应中轴线走向

现代长安街延长之后，元明两代的纬向坐标系在同一条街上并存

↑ 明初营建北京对元大都纬向肌理的扭转及现代长安街中段偏折的成因示意图（笔者绘，图中偏角经过夸张表现）

明代的规划师们选择了扭转北京最主要的纬向肌理：南城墙与长安街。只要将这两条纬线从正东正西的元代坐标系上脱离出来，扭转到与北京中轴线垂直的角度上，中轴线上的几个重大城市节点就都可以呈现经纬肌理的直角相交。

假如我们选一天从今天的建国门溜达到宏伟敦实的内城东南角楼，再选一天从今天的复兴门溜达到隐藏在西便门桥下的内城西南角楼遗址，然后对比一下这两段路程在手机上留下的步数记录，就会发现，建国门与内城东南角之间的距离要明显小于复兴门与内城西南角之间的距离。这个差距就是明代的规划师们扭转北京所留下的证据：当他们在元大都的基础上建设北京的东、西两面城墙的时候，悄悄地把西面的城墙延伸得更长。这样一来，北京东南、西南两个角的连线，也就是南城墙一线，就不再是正东正西，而是略微指向东偏北，恰与略微指向北偏西的北京中轴线呈垂直关系——元大都的平行四边形平面就这样被修正了。

随着南城墙与北京中轴线呈直角相交，长安街，这条北京最重要的纬向道路，也一起跟随着与中轴线呈直角相交了。但是奠定于明代的长安街，在1954年之前，仅只是东单至西单这一段。再向外走，就进入了寻常巷陌。于是，1954年以来，当长安街向东西两侧延长、贯穿老城，并且一次次被拓宽的时候，自然而然地沿行了东单以东、西单以西的胡同肌理，而它们并没有被明代的规划师们扭转过，仍然延续着元大都的纬向坐标系。其结果就是，如今的广义长安街在东单至西单段呈现明代扭转后的、与城市中轴线相垂直的走向，而在东单以东、西单以西的段落呈现总体上正东正西的走向。

长安街中段的弯折就是这么来的。

在明清时期，长安街西段因为庆寿寺双塔的存在而南凸，更加加重了这段弯折的程度。元、明两代的城市经纬坐标系因为机缘巧合而共存在神州第一街上，这不得不让人感叹城市平面肌理跨越时代的生命力，以及古代城市规划师们精妙的擘画。

在《首都功能核心区控制性详细规划（街区层面）（2018年—2035年）》中，长安街依然保持着它那弯折的走向，人们

内城角楼

明代永乐时期营造北京，城门、城楼等许多建置未能完备。正统年间，这些城市设施逐渐完善，在北京内城的四个角各兴建了一座巨大的角楼。这些角楼的平面呈折尺状，相当于两座箭楼直角相交拼合在一起，共开箭窗144个，其形体尤为巨大。清代北京市民认为东北、东南、西南三座角楼均为狐仙所居，有灵性。1900年庚子国变，西北、东北两座角楼被毁。1927年，西南角楼因损毁已甚、无力修缮而被拆除，仅东南角楼留到了今天。

并没有简单地试图把它拉直了事。明代的城市规划师们如果隔着史册有知，大概也会拈须颔首，为他们的规划意图得到后生们的理解和尊重而感到高兴。北京是一座在时间与空间上都具有厚度的城市，无论是刘秉忠还是梁思成先生乃至今天的规划师们，他们都带着一种在宇宙长河上泛舟的敬畏，认真面对过已经存在于这里、发生在这里的故事。

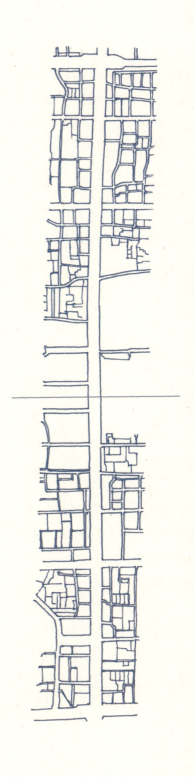

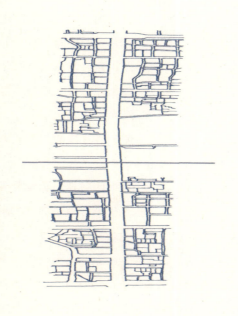

十 北

↑ 长安街的弯折走向在当代城市规划中依然占有一席之地。当东西向眺望使景深压缩时，这种弯折形态将变得更为明显（笔者根据《首都功能核心区控制性详细规划（街区层面）（2018 年—2035 年）》加摹，右图为真实比例，左图东西向长度压缩至 1/3）

雪藏

 如今的西土城路明光桥

 20 世纪中叶的"小西门"遗址

 元末的肃清门地区

北京内城一共有九座城门，其中西边有两座：西直门和阜成门……

且慢，如果有人这么说，我们就可以告诉他，这只是明清以来的情况。再在时间上回溯，其实北京西边还有神秘的第三座门。更不可思议的是，如今西直门和阜成门已经片瓦无存，但这第三座门还能看得见摸得着。

这个故事还得从头讲起。

屈服于引力的星宿　　至元四年（1267），元世祖忽必烈下诏营建元大都。大都四面一共十一座城门，名称多取《易经》中的卦象，各有深意：向南称丽正、顺承、文明，彰显皇家统御；向东称崇仁、齐化、光熙，彰显温仁宽厚；向西称和义、肃清、平则，彰显威严法治；向北称安贞、健德，彰显天道有常。

为忽必烈谋划这座巨大新城市的规划师是刘秉忠。刘秉忠的擘画异于前代，他把大都想象成一片星空，城市的各种功能，都要按照星座的方位布局。于是他就把大元的御史台，也就是如今的监察机关，安排在了相当于"左右执法天门"（《析津志辑佚》）的位置上。左右执法是太微垣守卫天门的两颗恒星，位于现代天文学概念上的室女座。而天门被认为开在西北（我们在明代朝天宫的选址用意中曾经看到相同的理解），于是御史台便选址于元大都西墙北侧的城门处。因此，这处城门获得了"肃清"之名，以取整肃、清朗的含义。这也是元大都唯一一座没有直接以《易经》中的字眼命名的城门。

原址沿用，即改称东直门的崇仁门、改称朝阳门的齐化门、改称西直门的和义门，以及改称阜成门的平则门。共有三座湮没在城市内部，即位于天安门前国旗杆处的丽正门、位于西单路口处的顺承门、位于东单路口处的文明门；而被徐达截断在城外的肃清门则与光熙门、健德门、安贞门一起变成了城外的野地荒丘。

↑ 牡丹园附近的元大都水关遗址，可见局部包砖遗存。
元代城砖比明清城砖要薄很多（笔者摄）

人们的遗忘来得比遗迹的消失还要快，在明代后期，大家甚至已经忘了土城上的城门曾经属于元大都，认其为古蓟城遗迹。肃清门及其所在的西土城段落于是成为燕京八景之"蓟门烟树"的物质载体，尽管历史上真实的晚期蓟城遗迹实际位于北京南城，与元大都城墙并无继承关系。而这一景观又在清代得到高宗乾隆皇帝的钦定与反复吟咏，并勒石树碑，最终成为写入国典的官方认定，甚至曾经在许多年中影响了海外学者对古蓟城原址的判定。实际上，喜好访古的乾隆皇帝早就大方承认过，他压根就不在意这些历史遗迹的确切身份判定与沿革，往往信手指认。只要这些

↑ 如今的元大都遗址公园景观（谢瑞辰摄）

69

的面貌。时过境迁，多少座城门早已消失不见，然而那座被遗忘的肃清门还孤独地藏身在北京的角落里，等着人们去找寻它。

在地图上仔细观察，就会发现，学院南路和西土城路的交会点与西直门的距离，和阜成门与西直门的距离是差不多相同的。那个交会点即肃清门的位置。在路口西南角，有一个很不起眼的无名街心公园。走进去仔细看看，会发现这个公园的地势越向外越高，形成一圈弧形的高地，而高地外侧居然是垂直的峭壁。这就是肃清门残存的瓮城（南半部分）。而学院南路的东西两段，按照如今北京街道的命名逻辑，其实也就相当于"肃清门内大街"和"肃清门外大街"。

瓮城是常见于城门外侧（亦有在城门内侧者）的合围式堡垒。它在城门前形成一个封闭的广场，为城门提供双重围护，可以居高临下地歼灭经过瓮城的敌人。瓮城往往对通过城门的道路形成挤压、扭转，延长潜在的敌人暴露在城防火力范围下的路径。瓮城前端一般配置有箭楼，对城门外的广阔郊野形成压制。由于瓮城前凸于城墙，护城河在瓮城附近一般会曲折绕过，形成河湾。北京内城九门的大型瓮城有三个基本型：方形瓮城（左，应用于东直门、西直门）；半月形瓮城（中，应用于朝阳门、阜成门、安定门、德胜门）；方形弧角瓮城（右，应用于正阳门、崇文门、宣武门）。 ↓

肃清门的圆弧形瓮城是这处遗址的标志性特征。除了德胜门箭楼两侧残留的瓮城局部之外，肃清门瓮城是如今北京城门中瓮城留存程度最高的一处。元大都初建时，大元还是有着"守在四夷"气概的年轻王朝，十一座城门原本没有瓮城。直到元顺帝至正十九年（1359），随着各地烽烟迭

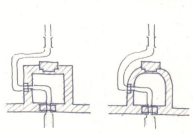

71

古迹能发挥教化作用，承载积极的道德镜鉴，管它是不是真的那传说中某朝某代的遗迹呢。结果后人信以为真，反倒结结实实上了乾隆皇帝一当。

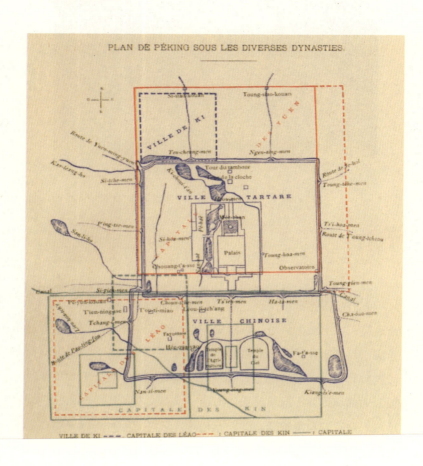

↑ 1967 年航拍照片中的肃清门瓮城遗址，可见一段轮廓明显的弧形墙体　　　　　↓ 如今的肃清门瓮城遗址外缘（谢瑞辰摄）

起，国家防务骤然紧张，顺帝这才"诏京师十一门皆筑瓮城，造吊桥"［《元史·顺帝八》，根据在和义门遗存中实际发掘出的题记证实，至正十八年（1358）各处瓮城已在施工］。可惜，肃清门瓮城经历风雨侵蚀，如今已经仅余残形，全无包砖，不再能够体现当年的原貌。要想象曾经的肃清门，我们还得去时间的下游寻找它的伙伴们。

怆然独存的丘墟　明代正统年间，北京的京师地位重新得到稳固，一场大规模的城垣城门扩建工程就此奠定了明清以来北京内城九门重楼雉堞的巍峨面貌。在这场改造中，北京的城门城墙被加高、包砖，在元明更迭中原址沿用的四座城门的瓮城于是被包裹在新的夯土中。元大都的内核就这样默默支撑着北京的轮廓，从明入清，直到 20 世纪。

雉堞是城墙顶端面向城外的锯齿状垛墙，用于保护守城者。垛墙上有时还开有射孔，便于向下射击。雉堞往往成为古时城池的借喻物，一些景观性的城墙也配备装饰性的雉堞，只不过更多成为雕饰的载体（从上至下：北京内、外城城墙雉堞；紫禁城城墙雉堞；颐和园紫气东来城关雉堞；圆明园舍卫城雉堞）。↓

　　1953 年，阜成门瓮城被拆除，人们在箭楼城台下发现了元代平则门的瓮城门洞遗存，可惜仅有石基，并未引发特别的关注。到了 1969 年，当时北京唯一一处保持完整的城门西直门被整体拆除，而这次，人们得以在西直门的箭楼城台中发现了和义门的瓮城门。由于几个世纪中被封闭在夯土体中，和义门的瓮城门保存状态极为完整。消息不胫而走，北京市民盛传西直门里拆出了一座小西直门。徐苹芳、罗哲文、傅熹年等建筑史学界前辈及时记录拍照，抢在一切归为白地之前为后世留下了这座瓮城门的基本尺度数据（参见《元大都的勘察和发掘》），这成了我们如今

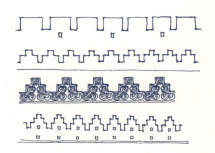

借以想象元大都城门原貌的唯一依据。

　　而此时，在北边不远的地方，明代以来早已没有机会再为城市服务的肃清门，以自己裸露在雨露风霜之下的残躯，见证了体魄健全的同辈先于自己而亡的命运。如果土木有灵，它想必也会如见证了这一幕的人们一样，怀有一点挥遣不去的怅惘。

　　如今，"元大都城垣遗址"几个大字就在肃清门瓮城遗址东北侧经过修复的城垣断面上，夹在西土城路明光桥的两条高架之间。当年的屏障如今已经成为通衢，从不起眼的小门走进荒疏的遗址公园，登上那马可·波罗笔下的夯土高墙，草木瑟索，一派迷茫，竟然如同身处一个被遗忘的走廊。向北而行，这是元大都城垣保存最好的段落之一，每隔约一百米仍能看到向西凸出的墩台。元大都的伟丽早已逝去，凝滞的岁月被包夹在城市的一条窄缝里，委曲留存至今。城市的喧嚣之间，这残留的夯土墙的故事还有待被讲得更好。

　　我们记得的城门暂时没有了，可被我们忘却的城门却留了下来，时间好像总是对那些有名气的史迹更苛刻一些。一息尚存的肃清门绝对是元代以来北京各座城门里知名度最低的一座——明清北京城门的名称仍然在北京的地理认知中发挥作用，而当年被徐达放弃的四座元代城门中的三座——安贞门、健德门、光熙门，也已经

中国古代城墙并不是平直的，而是每隔一段距离安排一处前凸台体，称作墩台（左）。墩台可以为守城者提供交叉火力平台，通过侧向射击，压制过于接近城墙根部的敌人。俗谚虽以"城墙拐弯"形容厚实，但其实使城墙厚度增倍的墩台也往往不遑多让。墩台的厚度还有利于在其顶部安排戍卫值房等城防建筑。

北京内城城墙上的墩台分布遵循一定规律。在南、东、西三面城墙上，每隔一些常规墩台，就会出现一座大型墩台。这些墩台异常厚大，形成一系列指挥与火控中心，并往往以登城马道与城市内部相连。这些带有马道的大型墩台在清代文献中被称作"中心台"。内城南墙上的大型墩台最多，每个城门两侧各有一对，城门间距三分点处各再设一座（右上）。东西两墙上，仅在城门间距中点处设一座（右中）。内城北墙为明洪武年间徐达占领元大都后紧急兴建，墙体极为宽厚，墩台皆甚大，分布稀疏且不甚均匀（右下）。　↓

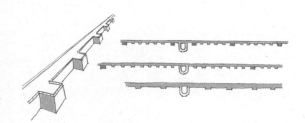

通过历史地名资源的保护性延续而重新拥有了各自的认知范围，如今它们都是客流量巨大的地铁站。在这三座城门中，光熙门的原址与以之为名的地铁站之间有较大差距。光熙门原址的纬度约在今之柳芳北街一线，更接近柳芳地铁站的位置。

唯有肃清门，孤零零地游荡在人们的认知之外，只有附近的老街坊还能提起"小西门"这个地名。当年的落寞清冷，如今已是车水马龙，没有人记得什么肃清门，什么御史台，也少有人在经过这里的时候会聊起刘秉忠和徐达。

路人与汽车里的人们匆匆而过，在肃清门下进进出出。有时我会幻想，总有一瞬间，他们的身形与平行时空中当年往来于大元御史台的古人重合了。而在那一刻，他们又想到了些什么呢？

↑ 肃清门遗址北侧的西土城遗址顶面，一派荒疏瑟索，宛如城市中的一条被遗忘的走廊（谢瑞辰摄）

昔日的城郭已经在岁月云烟中隐去，如今这些城市入口，硕果仅存的，仅有正阳门城楼、箭楼，德胜门箭楼和二十年前回到我们身边的永定门城楼。这座城市的人们依旧欣赏它们，当夜幕低垂，它们有时候会亮起华灯，但也有些时候它们会黑黑地没入夜晚的昏暗。别忘了在这样的时候感受它们：在依稀的天光下，它们就像温和的巨影矗立在巷陌的上空，一如几个世纪以前。

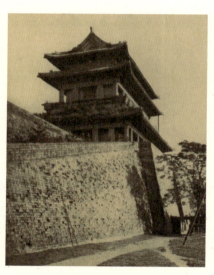 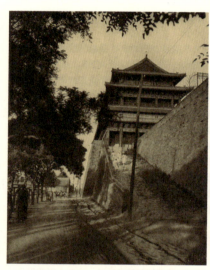

 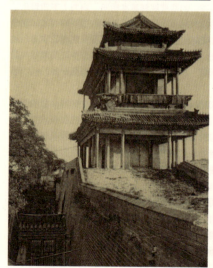

↑ 20 世纪初，瑞典汉学家喜龙仁拍摄的北京城门（左上：III 型城楼安定门，右上：I 型城楼崇文门，左下：II 型城楼阜成门，右下：V 型城楼广安门）

通过历史地名资源的保护性延续而重新拥有了各自的认知范围，如今它们都是客流量巨大的地铁站。在这三座城门中，光熙门的原址与以之为名的地铁站之间有较大差距。光熙门原址的纬度约在今之柳芳北街一线，更接近柳芳地铁站的位置。

　　唯有肃清门，孤零零地游荡在人们的认知之外，只有附近的老街坊还能提起"小西门"这个地名。当年的落寞清冷，如今已是车水马龙，没有人记得什么肃清门，什么御史台，也少有人在经过这里的时候会聊起刘秉忠和徐达。

　　路人与汽车里的人们匆匆而过，在肃清门下进进出出。有时我会幻想，总有一瞬间，他们的身形与平行时空中当年往来于大元御史台的古人重合了。而在那一刻，他们又想到了些什么呢？

↑ 肃清门遗址北侧的西土城遗址顶面，一派荒疏瑟索，宛如城市中的一条被遗忘的走廊（谢瑞辰摄）

在北京所有存续至近世的城门中，要数明清内城与外城的众多城门所留下的身影最为人熟知，但也最扑朔迷离。我们还没有来得及深入认识它们的结构，它们就消失在了北京城市化巨变的前夜。在各个历史时期的旧照上，它们矗立在如今几乎无迹可寻的昔日地景中，仅仅因为方位的不同而显现出不同的光影线索，或因为城门本体、周边道路、建筑环境的沿革而显现出独特的时空配合。在北京影像史研究起步的时期，辨认灰黄旧照中的城门到底是哪一座，曾经是研究者们津津乐道的基本功。

由于历史的原因，通过现代测绘方法对明清北京城门进行细致的建筑法式研究的机会已经永久失去了，但我们仍然能够根据建筑形制而对它们的身份做出初步的判断。下面我们就试着根据北京内外城各城门楼的建筑形态，去初步建立某种类型学。

内城九门

内城九门的城楼自明代正统年间建成以来，都经历了多次修缮重建，其原初形制已不可确知。从明清绘画来看，它们始终都是重檐三滴水式楼阁，但一些具体做法已经逐渐流变，例如近世以来往往记载一些城楼的屋面为灰筒瓦绿琉璃剪边，而从文献来看，它们在明代均曾为削割瓦（《工部厂库须知》称"削边瓦"）绿琉璃剪边，显然是后世改变了原本统一的做法。瓦作如此，九门的木作设计也必然因为历次修缮重建的机缘而在各自的规制基础上发生进一步分化。其中，具有国门地位的南垣正门正阳门城楼形制超然独立，可以认为是"特型"。而其他八座城门的城楼虽然粗看起来轮廓似乎都差不多，但它们的结构还可以细分为三组。

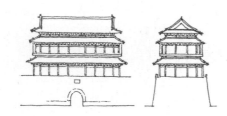

国门独有的特型城楼：应用于正阳门
面阔七间、进深三间加周围廊，宏阔而高大。目前人们看到的正阳门是八国联军之役后清末重修的结果，比历史上存在过的任何版本都更加宏壮。

沉稳而舒缓的 I 型城楼：应用于崇文门、宣武门

I 型城楼在模式上略等同于减少两间的正阳门。它们的上下两层均为面阔五间、进深三间加周围廊，上层收分较小，也即是说，二层并没有比首层在平面上缩小很多。它们也有着近似于正阳门的宽厚侧立面，这使得它们呈现沉稳而舒缓的轮廓线。该型城楼应用于地位仅次于正阳门的内城南垣东西二门，即崇文和宣武门。

尖耸而俏丽的 II 型城楼：应用于朝阳门、阜成门

II 型城楼是内城九门中较易辨识的一型，它们有着宽大的首层周围廊，使得稍间跨度反而比次间更大，是不多见的柱网设计。该型城门的形体由此获得了显著的收分：宽大的首层上面托举着玲珑的二层，从侧面看去，尤其有着强烈的耸聚感。此外，II 型城楼的斗拱用材显著小于其他内城城门，它的斗拱小巧而细密，这也使得它的二层重檐檐口相距很近。这种下宽上紧的轮廓使得 II 型城楼的总体体量感在内城九门中显得较小。或许是为了弥补这种缺失，II 型城楼的屋面采用了一种优美的曲线，一变其他各型的平缓而为俏丽，在举折比例上显现出一抹亮色。该型城楼应用于内城东西垣的南门，即朝阳门和阜成门。

仍存高古木构遗意的 III 型城楼：应用于东直门、西直门、安定门、德胜门

III 型城楼的首层平面与 I 型类似，但二层将周围廊内收，立面上只显五间，这是该型与内城其他型城门的最显著区别。III 型城楼的斗拱用材较大，这使得它们的二层重檐檐口相互拉开距离，这种感觉在它们苗条的侧面尤其明显，巨大的出檐与壮硕的斗拱让 III 型城楼的上层颇有高古木构的遗意。该型城楼应用于内城东西垣的北门，即东直门与西直门，以及内城北垣的两座城门，安定门与德胜门。

此外，II 型与 III 型城门还有一个共同的特点：它们的城台在城门券洞口以及石圈处改变了收分角度，形成了一个方框状的凹槽。这个垂直于地面的内收凹槽简化了砖券砌筑的工艺，带有过梁式城门排叉柱结构的遗意。考古发现，元大都的和义门瓮城券洞也采用这种做法，而明清北京 II 型与 III 型共六座城门中，有四座都因循了元大都城门的基础。这会不会是元代城门设计延续至明代的某种最后遗存呢？这个问题的答案却难寻依凭了。

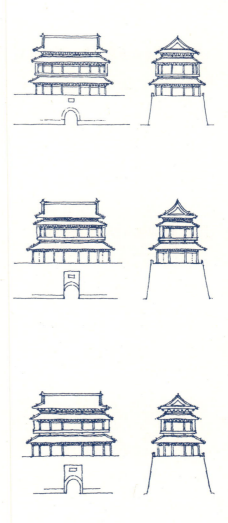

外城城门

与内城城门那些庞然巨物相比，外城的城门要简小许多。

细瘦的屏风状 IV 型城楼：应用于永定门

IV 型城楼是外城里的特型城楼，仅见于南垣正门永定门。IV 型城楼尽可能模拟了内城城楼的模式，在结构构型上与 II 型较为近似，但首层周围廊尺度更小，侧立面尤其细瘦。

三滴水城楼的简化极致 V 型城楼：应用于广安门

V 型城楼则是仿照 IV 型的模式，进一步缩减正立面间数而得到的设计，仅见于外城西垣广安门（清道光时期以前称"广宁门"）——这座城门标识着由卢沟桥进京的通衢大道终点，也是车驾南巡的必经之路，在乾隆时期规制得到提高，特意扩建为 V 型。

　　除了规制特殊的永定门和广安门之外，外城其他五座城门都仅是单檐歇山顶的单层建筑。它们又可分为两类。

最基本的外城模式 VI 型城楼：应用于左安门、右安门、广渠门

VI 型城门是规矩的面阔三间、进深一间加周围廊的模式，比许多县城门还要小，望之让人不觉得是帝京的入口。外城南垣东西两侧门，即左安门、右安门，以及东垣广渠门皆采用这一类型。

简约的过梁式 VII 型城楼：应用于东便门、西便门

外城规制最低的是东便门和西便门。这两座城门的城楼可以定义为 VII 型。VII 型与 VI 型类似，但它们的立面完全由城砖包砌，没有任何檐柱显露出来，自然也没有周围廊。此外，它们也是北京内外城仅有的两座过梁式城门，门洞呈方形。如果说位于城门规制阶梯顶端的正阳门已经是"令后世无以加"，那么东便门、西便门大概可以算是"令后世无以减"。作为城门，它们是几乎没法再简化了。可是规制小不等于不重要，东便门在几个世纪以来曾经是京畿大道从通州入城的关键节点，旅人们往往先进东便门，沿行前三门护城河，然后再寻求进入内城。而"庚子国变"中，八国联军也是率先从东便门破城，让帝京转瞬之间成为惨烈的战场。

内外城箭楼

北京内外城一共十六座城门，无论大小，都在城楼前配备有瓮城和箭楼。一簇簇的双楼并峙，曾经是北京天际线上跳动的音符。与城楼相比，各门箭楼在规制上比较统一，但我们仍然至少可以区分出四种类型。

在御道上开门的特型箭楼：应用于正阳门（正阳门箭楼后抱厦侧面箭窗曾数次改变设计，本图以 1900 年以前的状态为准）
正阳门的箭楼与城楼一样，规制特异。它是内城九门的箭楼中唯一一座在城台下开门的箭楼，而它的门也仅供皇家仪仗通行。由于横跨在中轴线上，正阳门箭楼比其他内城箭楼多一列箭窗，共十三列，以居中一列俯瞰御道。它就是老北京民谚里那个有钱也买不了、远走也忘不掉、看见便知道身处京城的前门楼子。

横亘于天际线上的 I 型箭楼：应用于崇文门、宣武门、朝阳门、阜成门、东直门、西直门、安定门、德胜门
内城其他城门的箭楼规制基本相同，均为上下四层十二列箭窗的巨大包砖木构，后出抱厦，下不设门道。这些结构如此雄浑，虽然匍匐在前，但每一座都比它身后的城楼要宽，阻拦窥望的视野。暮色苍茫中九门箭楼气势逼人的剪影，已经成为昔日北京的标志之一。

小巧的 II 型箭楼：应用于永定门、左安门、右安门、广渠门、广安门
外城城门的箭楼下都开有门洞，箭楼本体要小许多，并不充满城台。II 型箭楼为单檐歇山顶，正立面共两层七列箭窗。外城大部分城门均采用该型箭楼。

腼腆不想抬头的 III 型箭楼：应用于东便门、西便门
III 型箭楼则规模更小，为单檐硬山顶，正立面共两层四列箭窗。仅有东便门、西便门应用该型箭楼，小小的楼体仿佛蹲在雉堞之间，偷偷瞟着城市的络绎往来，却羞涩得不想抬起头。

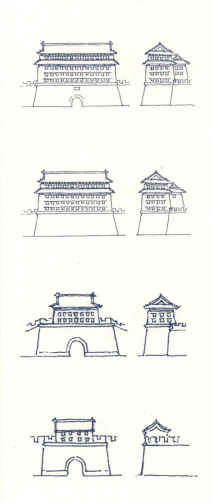

昔日的城郭已经在岁月云烟中隐去，如今这些城市入口，硕果仅存的，仅有正阳门城楼、箭楼，德胜门箭楼和二十年前回到我们身边的永定门城楼。这座城市的人们依旧欣赏它们，当夜幕低垂，它们有时候会亮起华灯，但也有些时候它们会黑黑地没入夜晚的昏暗。别忘了在这样的时候感受它们：在依稀的天光下，它们就像温和的巨影矗立在巷陌的上空，一如几个世纪以前。

↑ 20 世纪初，瑞典汉学家喜龙仁拍摄的北京城门（左上：Ⅲ型城楼安定门，右上：Ⅰ型城楼崇文门，左下：Ⅱ型城楼阜成门，右下：Ⅴ型城楼广安门）

置换

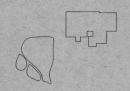

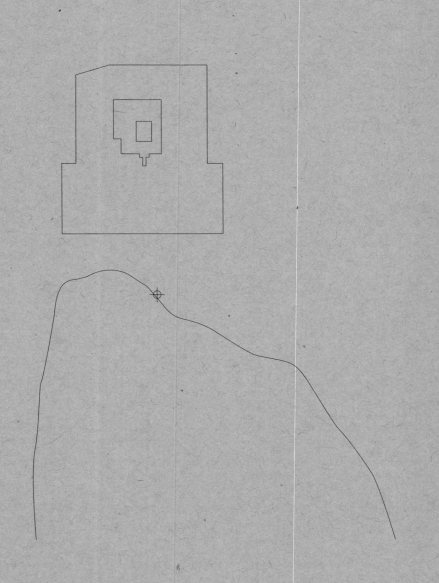

古人从来没有停止过在都城附近想象这样一个地方：首先有山形水系，而且不是堆出来的，是自然的起伏；其次，建筑的比例要适当，不作鳞次栉比之态，适足点缀；还可以看到马匹，有畜牧业的存在；亦看到奇花异果，有园户专职负责；隐隐又能瞥见一些军旗与金鼓，有检阅的功能；往来的都是剑佩琳琅，引着弓矢鹰犬，共趋宴饮游猎等皇家活动。

这样的地方，被称作"上林苑"。

蕃育、猎获与生境　　"天子坐明堂"对治国而言是不够的，天子也需要面对山水疆域，面对国土的尺度，观察自然的运行。这件事如果做得好，更会得到百姓的拥戴，就像《诗经·灵台》中所描绘的：周文王徜徉于灵囿、灵沼之间，百姓帮助他"经始灵台，经之营之，庶民攻之，不日成之"。而这种美德盛事的理想，最终就具体化为一座完美的上林苑。古人讲求营国之道，"方九里，旁三门，国中九经九纬，经涂九轨"，极尽精微，而我们可以把上林苑的理想看作中国都城营造的对应

↑ 明代画家仇英曾经画过一幅《上林图》，原作难寻，摹本却有数版。《上林图》呈现的并非历史上某个具体的上林苑空间，但我们便由此知道了中国古人在想象一座上林苑的时候，都会在里面安排些什么（摹本局部）

传统，跟宫阙城池的方正严整刚好形成反差，就像都城胸前的一粒翠色吊坠。

北京南苑，就是这样一个漫长理想序列的结尾，是中国传统京畿营造中上林苑建置的最后实践。

作为皇家的游戏场，北京南苑首先是从游猎到围猎传统的过渡产物。在辽、金、元时期，皇家围猎集中在一年两次的"春水秋山"活动中。"春水"即春天到沼泽边猎取禽鸟，"秋山"则是在牲畜肥壮的秋季到山脚下猎取野兽。在这些时代，皇家围猎已经形成了一种明确的艺术母题，"春水秋山"经常成为绘画与带扣等玉器的表现对象，一些"春水玉"会表现天鹅上面骑着一只猛禽，这些猛禽是海东青，它们会在空中啄食天鹅的脑子使它坠下。放海东青来捕天鹅是皇家围猎的象征，这不仅是因为海东青的矫健与罕有，作为猎物的天鹅也被认为是优雅而高贵的鸟类，一般人是没有权力捕捉的。

辽、金时期，南苑还没有成为固定的猎场，《辽史》和《金史》的诸帝本纪里会明确记载每年春水秋山去了哪里。出身游牧民族的辽、金皇室很习惯在广大的北方国土上移动，但随着政治中心日益稳定在燕京，游猎活动也向京畿集中。春水往往就在今天北京南郊的沼泽地带举行，而秋山则可以一直往东到今天的天津蓟州一带。

在元代，皇家每年往来于大都和上都之间，行动趋于规律，围猎地进一步集中，在大都南郊辽金春水之地设置了一处"下马飞放泊"。这个地名直白而朴拙，很有元代白话公文的风范："飞放"是指飞鹰隼放犬豹，两个动词便指代打猎；而"下马"一词，

《钦定日下旧闻考》指出，是用以强调这里与大都的邻近。"下马"在这里的意味接近于当时人们常说的"坐地"，是描述在空间中行动方式的词。在元代，小到吃饭，大到商议国家大事，皆可冠以"坐地"，即"随意坐下来，当即坐下来"。现代汉语里保留了这个词的引申义，比如"坐地起价"等语。理解了元人的"坐地"，就会理解模式类似的"下马"一词不一定是描绘具体

↑ 南京博物院藏殷偕绘《海青击鹄图》，海东青的利爪已经深深刺进天鹅的头颅，优雅的大鸟从高空急坠而下。背景则是作为猎场的湿地

的下马动作，而是强调从大都出来不远，下得马来就可以开始打猎，描述的是这里与大都紧密的空间关系。

"下马飞放泊"的设置见证了皇家围猎空间固定化的趋势。到明代，随着苑墙的形成，南苑更加趋于定型，其范围又大过曾经的下马飞放泊。北京外城修筑之后，南苑与城市的距离变得更近，只有十几里路。南苑和北京老城都是墙垣围护的空间，相互紧邻、范围明确。在金、元时期，幽燕是国家腹地，远行的皇家仪仗可以在国土上长长地铺开，但是明代北京临近边疆，皇家在京郊活动范围日益收缩。尤其是明英宗车驾在塞外失陷之后，即便是去昌平谒陵也可能受到谏阻。而南苑则提供了一个相对安全的选择，只要向南走出不太远的距离，就可以进入另外一个受到保护的皇家领域。

在清代，南苑的地理形势再一次发生了变化。南苑一百多里的围墙上，原本仅有北、南、东、西四座大门，清代京畿地区国防形势不再严峻，于是苑门开始增多，先增加到九座，随后又增辟各处角门，进一步多至二十余座。门的形制也显现出了等级差异：大红门、南红门这些主要的门是三个门阙的形式，有一些侧门则是一主一副两个门阙或单门阙形式，角门则是随墙小门。林苑的边缘区域出现了海户（世代承担南苑维护职责的家庭）的集中居住地。这些被冠以"海户"的地名至今依然存在，见证了历史上南苑农业开发的宏伟布局以及对京南地区人口、户籍的深刻影响。

苑内的交通系统逐渐完善，出现了连接主要大门的林荫道；苑区的功能也开始增多，除了旧宫、新宫、团河行宫这些主要行

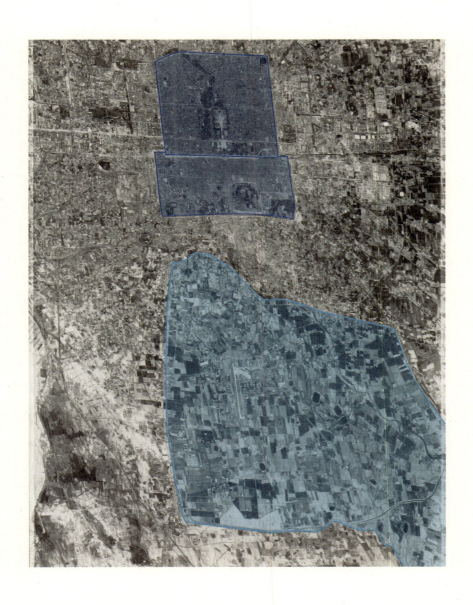

↑ 20 世纪 70 年代航空照片上的北京老城与南苑（图片因拍摄角度而有一定畸变，色块为笔者加绘），南苑历史范围内国营农场密集分布，田亩斑块明显比周边地区规则整齐

宫以备驻跸之外，宽广的开阔地可以举行大规模的检阅活动，一些寺庙也可以承载重要的国事活动。但更重要的是，它的空间结构其实已经具有现代郊野公园的雏形了：广阔的苑区分为好几个相互连通的圈层，最外层提供各种生产、后勤的空间，内层提供文化活动、起居信仰的空间，而中心则是用于围猎的自然林泉。这和今天流行的"生态保育核"概念很类似：商业、博物馆等功能都安排在外围接近园门的位置，环园大道连接各个景观点，而中间的区域是一个限制开放的深林，栖息着野生动物，并在夏日中和城市热岛效应。

南苑的历史经验并未远去，它蕴含的智慧还在继续伴随我们。

↑ 团河行宫中的建筑近年已在原址修复，唯团河湖面尚为荒草，大小船坞暂时只作旱游（笔者摄）

早已写就的收场　　明清南苑苑墙今天已经不复存在，我们很难想象它曾经的范围远远大过北京老城。明清南苑的规模在一张至迟于 1886 年绘制的京畿地图上得到了完美的展现。这是一张颇有现代感的地图，它体现了北京并非全域城市化的事实。按照今天的城市规划概念，老城还保留了很多"蓝绿空间"——除了河道与六海水系，外城的相当一部分也没有被街市覆盖，而是被画成绿色。而广大的南苑则是整个京畿平原上最大的一块绿色，它轮廓清晰，像城市溢出的一泓绿海；它不在城里，却属于皇

古高梁河河道断流后，留下一系列珠串状的水体。元代以来，北京城址将其中的一部分水体包纳进来，它们演变成了今天的六个湖泊，从北至南分别为西海、后海、前海、北海、中海、南海，是北京城市水系的重要组成部分。《首都功能核心区控制性详细规划（街区层面）（2018 年—2035 年）》获批以来，"六海映日月，八水绕京华"的表述为市民们所熟知。"八水"指北京历史水系演变至今的八段地表径流：通惠河（含玉河）、北护城河、南护城河、筒子河、金水河、前三门护城河、长河、莲花河。

↑ 巨大的南苑如同爬行在帝都脚下的绿色变形虫，使得昔日北京并不存在从正南入城的通直大道

家领域，又像一块飞地。

20 世纪以来，失去了皇家身份的南苑逐渐模糊了与广大京畿土地的边界。南苑的山水格局在漫长的退化中趋于消失，苑墙因失修而湮没在南郊的地景中，行宫与寺庙在岁月动荡中被摧毁拆卖，林木被开垦为农田，原野上蔓延了工厂和楼宇。

广阔的南苑苑墙内原本散布着点状的人文景观。随着南苑的敞开，原本就稀疏的遗存已经非常黯淡。后来，随着现代街区在南苑范围内涌现，这些地标逐渐有所兴复，只不过此时它们便都转换成了城市型景观。曾经在我国多民族大一统格局形成过程中扮演过重要角色的德寿寺，近年在原基址上根据考古发掘成果和样式房图档修复，在住宅社区的包围中，规规矩矩地占有一个方正的地块；清代南苑三大行宫之一——围

> 德寿寺，原名"大招提寺"，为清代皇家寺院，始建于顺治十五年（1658）。乾隆四十五年（1780），六世班禅额尔德尼在德寿寺受到乾隆皇帝接见，成为清代历史上唯一一位进京觐见的班禅。1900 年，八国联军侵华，德寿寺未能幸免。光绪年间重修，民国时再被焚毁。现状德寿寺于 2014 年在原址开工修复，2019 年建成。

绕一个圆形泡子建造的团河行宫，也已经在原址修复。而小红门内的元灵宫就没有那么幸运了。作为南苑中的重要道教建筑群，它的大殿直接模仿北京皇城中的明代道场大光明殿。可惜的是，20 世纪 20 年代，元灵宫被驻扎在此的军队拆卖，遗址如今也被压占，已不太容易得到原址恢复。此外，南苑还保存有若干近现代遗存，其中规模最大的当数在其腹地开辟的中国首座机场——南苑机场，旁边尚存日军侵华时期所留下的飞机掩体，见证了近代北京坎坷的航空史。2019 年秋季，南苑机场正式停运，南苑上空再次只有羽类翱翔。

到了今天，南苑的样子似乎在所有层面上都构成了昔日地景

的反面：山形水系不再是自然产物，在南四环外崭新的土山脚下，现代造园实践带来了历史上本来不存在的起伏；苑门湮没在现代聚落中；过境的凉水河与遍布其中的湿地与泡子曾经构成一个吐纳式调蓄水系，今天这个水系仍然作为北京南部的重要流域而存在着，但它的格局已经极大简化了；林木也不再是北京地区自然的林相，而是呈阵列一样延伸；典型的板楼式社区出现在迫近的天际线上。

上林苑的故事好像就这么戛然而止了。

在现代城市化面前，南苑的结局竟显得如此仓促。但这并没有偏离古人为它写就的故事线。事实上，最早全面论述上林苑理念的著作——司马相如的《上林赋》，就说到了今日这段情景。《上林赋》先是洋洋洒洒地铺陈了汉天子上林苑的制度，然而到最后的时候，它笔锋一转，提出的恰恰是这样一座上林苑最终的宿命：

↑ 余晖下，在原址修复的德寿寺山门。山门前的广场现在成为附近居民的游艺空间（董良敏摄）

天子茫然而思，似若有亡，曰："嗟乎，此大奢侈……"于是乎乃解酒罢猎，而命有司曰："地可垦辟，悉为农郊，以赡氓隶；隤墙填堑，使山泽之人得至焉；实陂池而勿禁，虚宫馆而勿仞；发仓廪以救贫穷，补不足；恤鳏寡，存孤独，出德号，省刑罚；改制度，易服色；革正朔，与天下为始。"

天子陷入了沉思：上林苑太奢侈了。于是取消了这里的围猎筵宴，给国土规划部门下达了指示：把林田开垦为耕地，拆毁苑墙，吸引附近的居民定居；有人平毁山形水系，也不要管，让他们做；这里的离宫别馆，不要建新的也不要修缮已有的了。紧接着，这个图景又被上升到形而上的道德高度，与整个国家的治理、人民的福祉连接起来。上林苑的故事结束了，而它作为国土一部分的历史却恰恰在这个时候开始了。

这样的事情当然没有在司马相如的时代发生，司马相如也没有见过铁轨、机场和住宅板楼对土地的使用方式。但是这个图景本身具有超越时代的意义，那就是，无论对于哪座上林苑而言，它终将在时代变迁时以某种方式发生。从舆图上的巨大斑块重新成为寻常阡陌，是历史上所有上林苑的最终命运。当两千多年前的司马相如写下这些字句时，它还只是一种抽象的道德图

↑ 站在南苑森林湿地公园的新堆土山"飞雁台"上远眺城市，昔日南苑的阔大尚存遗意。只不过绿海的边界从原来的苑墙一线后退到了南四环一线（白笛摄）

景，但如今再看，却已化作真实的先见之明：在时代的浪涌面前，南苑的边界显得无比单薄。随着苑墙的破坏，巨量笔直而理性的线条一齐刺入这自然的斑块——道路、铁路、跑道、田垄、水渠——仿佛一群面孔坚毅的勇者早就埋伏在历史的墙角，一举刺穿了一只硕大但软懦的绿色史莱姆，一百余年以来，近乎忠实地上演了司马相如笔下上林苑故事的终章。

倒下的盘古　　从园林史的角度看，南苑的消散其实早早就开始了。在历代关于上林苑的制度中，上林苑都是国土的某种全息缩影：山林水沼、畜牧耕地、亭台楼阁，包罗万象地孕育在上林苑中。但是从周文王的灵囿、灵沼到北京的南苑，在漫长的演化中，那个古老上林苑理想中的一些元素逐渐被疏散分化出去了，并被别的建置承载了。

比如，亭台楼榭从来不是南苑的主题，它们很早就被太液池和"三山五园"的实践带走了；而检阅操练也分散到了京畿各处教场、健锐营碉楼群、西山演武厅等更为专业化的场地。也有一些古老的实践被继承了下来：上林苑监下面的几个职能团队"良牧、

"三山五园"是位于京城西郊的清代皇家园林的统称。"三山"指万寿山、香山、玉泉山，"五园"指畅春园、圆明园、颐和园、静宜园和静明园。

蕃育、林衡、嘉蔬"倒是很好地代表了上林苑的生产传统，它们分别对应大型家畜养殖、牧场生境与走地家禽、果树花卉种植和蔬菜种植业。这可以看作灵囿、灵沼经过演化、最终在南苑的实践中留存下来的传统，它们固然主要与皇家游猎和生产供应相关，但也构成了国家自然资源开发与保护的一个缩影。

南苑已经成为无数碎片，如今南苑历史范围内存在着大大小小的公园，它们或多或少地承载了一点昔日御苑的基因。其中，南苑森林湿地公园、南海子公园等几处依然是如今北京市民想象南苑旧景的依凭，而那些更小的则只继承了一抹绿色、一点回忆，转而为本地社区服务了。

南苑的命运没有出乎古人的预料，然而历史的后续终究超出了司马相如的想象。南苑的未来会怎么样？ 2018 年，北京南中轴与南苑森林湿地公园方案竞赛，设计范围的规模仍有几十平方千米。作为一个城市郊野公园，这是罕见的巨大规模，但相对于昔日南苑来说，这不过是冰山一角。人们正在试图以一个比历史上的南苑小得多的尺度，重新想象这个地方曾经所存在的巨大国土沙盘。这并非易事。曾经的南苑不太需要人工的山形水系，甚至会保留自然的"即兴创作"。比如在清代，南苑西墙附近有一些形态经常变化的沙丘，被认为是"土龙"。不难想象，这是因为华北地区当时风沙频繁，风刮过苑墙速度降低，把沙子卸在苑墙下而形成的。这样的"临时"地貌也被赋予了地理意义。但在未来，缩小版的南苑不可避免地要把很多地理元素集中化、凸显化、精细化，人们将不得不新堆土山或是挖新的泡子，而这些做法和南苑大野大荒的景观生成方式已经大异其趣。昔日南苑的意趣将能重现几何呢？

　　南苑的解体是历史的必然。回看司马相如《上林赋》里如此相仿的结局，南苑其实就像是上古神话里盘古大神躺在地上，以他的血肉之躯化成了新的世界。南苑被切割成无数份，成了一座迷宫。以前，南苑只有一道墙、一些门。如今，南苑有无数墙、无数门。有的门伪装成豁口，有的豁口伪装成门，到最后难以区分。可是多亏了这些不是路的门径，南苑从一个严格的皇家领域变成了一处扁平的、平等的所在，聚落、大院、社区、铁轨杂处成一团，居民、游人四下穿行，串联起散碎的地景。清高宗为大红门外南顶娘娘庙牌坊题写的匾额"群育""蕃滋"，似乎在南苑敞开大门之后以某种独特的方式实现了。

　　这就是我们能对南苑未来保留的终极憧憬，就像对北京许多故迹的憧憬一样，带着一种苍茫的乐观。散开了、模糊了，但也包容了、承载了新的东西，这大概就是南苑的宿命。

↖ 和义公园附近的废旧铁路路基，早已被穿行的人们踏出了小径。视野中的林相已与昔日南苑全然不同（笔者摄）

↗ 在今日南苑，极容易迷路。但是又无所谓迷路　（笔者摄）

↑ 站在新堆筑的飞雁台山顶，可以望见南苑的标志性水
体大泡子。大泡子在 20 世纪一度被堆塞填埋，近期
又重新注水，部分恢复了历史景观，但其生态角色已发
生了变化（白笛摄）

乾隆十五年（1750）的一个早上，清高宗乾隆皇帝从南苑大红门回銮。他在诗中描绘了从大红门看到的景色："五凤楼高直北望，居庸遥列玉为峦。"事实上，且不说视线从地势平阔的大红门能否穿过层层门阙，清晰地看到午门（五凤楼），南苑正门大红门根本也并不处在狭义的中轴线上，而是明显偏东，且朝向东北，"直北"显然是看不到五凤楼的。

然而，乾隆皇帝还是以一种超乎肉眼的方式看到了，这不是因为他的视力超群，而是因为大红门的确是北京中轴线空间序列上的一个重要节点。虽然它并不精确位于狭义轴线上，但它与宫阙的空间互动是真实的，其背后的空间逻辑也是一位帝王可以感知到的。这种超乎视觉体验的地理线索，意味着在广袤九州上蔓延的脉络并不仅仅限于"看得见"的层次。

京师与南苑的方位关系便是一条这样的脉络，它不一定要体现为某种测绘精度的同轴，甚至不一定真的要落实在眼底。古代各种登临活动，尤其是在登临琼华岛、兔儿山等皇家园囿高点，以及五岳等国土尺度地理标志所留下的词赋中，这种望见了本不可能望见的地理标志物的描写比比皆是，涵盖范围往往西到太行，东到渤海。

而在这些空间想象中，北京中轴线的地理原点作用非常显著。当中轴线走出城市后，便自然进入田亩阡陌、山水化育之中，其直线形态便让位于一种更加灵活的实际动线。

当古人划定南苑苑墙的时候，他们并没有追求笔直的走向和几何式的构图，只是随着河流与地形勾勒。在绿斑似的树海之间，节点建筑群展开了一个疏阔的星座。但屋宇殿堂和林泉生境都不足以代表南苑的全部，因为南苑广大的空无本身就是一个无法忽视的空间遗产。南苑的核心标志双柳树昆仑石幸而如今还矗立在南海子公园的湖边，标志着整座苑囿的重心。昆仑石是乾隆皇帝的创造，是一种特殊形制的石碑。石碑造型圆润，坐落在海波造型的碑座上，碑座两侧各有一个池子，池子里种植松柏，当松柏长大后，可以像盆景一样遮护石碑。这种昆仑石被安排在北京的各个重要地理节点上，石碑上镌刻乾隆皇帝的御制诗。

乾隆皇帝来到南苑很爱作诗，略有感触就提笔，然后择要镌刻在昆仑石上。他的诗近乎随感，比如看到管理南苑的海户们生活很穷苦，稍有赏赐便知足谢恩，意识到之前没有把他们照顾好，会留下一首诗表达"尔喜我所惭，过不他人诿"的羞愧；随着年龄渐增，打猎时胳膊疼痛，引不动弓，也会想起刘玄德的感叹，谈到"昭烈髀肉生，其叹有雄略"的共情；走在春季南苑泥泞的道路上，忽然风来，足雨时晴，感到风调雨顺的快意，于是也留下一首诗，分析在不同的期待下听到风来的不同心情，感慨"人情好恶殊，翻覆有如此"。尽管如今大众对于乾隆的诗作评价不高，但其实我们并没有理由看不起他的诗。乾隆在各处刻诗其实是一种颇有现代性的文学实践。他是一位超前的社交平台玩家，发表的文字所记载的琐碎行动与心理活动的密度之高，几乎可以弥补正史里对一个时代生活模式的记载空缺。我们今天对清代乃至明代南苑一些遗迹的了解，大量来自乾隆的诗。

以双柳树为中心，南苑展开了一个宏大的地名网络，这个网络以它超过北京老城的规模统领了整个南郊，而又因为它稀疏的密度而日趋埋没在不断涌现的后世地理标志物之间。

与南苑那百余里的绵延苑墙和其上的苑门有关的地名，至今仍然能形成一个完整的环。与肌理清晰的北京老城各门内外道路相比，南苑各门的道路已经相对模糊——人烟辐辏的街巷绝难改道，而郊野村间的道路则可能被轻易修改、平移或取直。我们不难发现，在昔日南苑各门外，

但凡存在较大规模村镇的，其入门道路往往在苑门消失后仍然保持着当年的走向，而苑门外村镇规模较小、便于城市化开发的，其入门道路则往往已经难以确认。

将南苑的范围叠加到今天的城市肌理之上，可以看到，部分苑墙段落的走势仍然可以从现代道路形态上看出来，例如大红门—马家堡角门、羊坊角门—东红门—房辛店角门等段落。而南苑内部的交通网络在某种程度上也被继承了，例如大红门内外道路今天仍然是南中轴空间重要的组成部分，而西红门、黄村等地也是今天大兴区重要的商圈，从这些苑区门户通向南苑腹地的道路仍然是存在的。在现代城市肌理之上，历史和当代仍然在持续互动。

同时，我们也能一眼看出，曾经的苑区存在着一个巨大的、虚空的核心，周边的道路都是绕行，不存在径直穿行的道路，因为皇家没有这样的需求。各个行宫——团河行宫、新衙门行宫、旧衙门行宫、南红门行宫——都分布在苑区外围，没有一条路需要从园区的中心直接穿过。如今南苑历史范围西南部的居民对此最有感触：想从那里规划一条前往朝阳区、通州区的交通路线会非常费劲，因为并没有一条基于历史道路肌理的通直道路。随着通马路等新道路的规划建设，这种困难正在逐步

南苑各苑门的地理线索与空间遗迹

苑门	规制	现地名	入门道路今名	相关聚落 / 社区 / 道路
大红门	三门阙	大红门	大红门路	海户屯路、海户路、海户东路
栅子口角门	随墙门	—	东铁营横一条	肖村
小红门	单门阙	小红门	小红门路	小红门村
马道口角门	随墙门	—	约鸿博东路—牌坊村路一线	牌坊村、马道村
羊坊角门	随墙门	大羊坊、小羊坊	小羊坊中路	小羊坊村、大羊坊北村、大羊坊南村、横街子、花墙子、海户屯
双桥门	三门阙	南双桥	约隆庆街一线	—
毕家湾角门	随墙门	—	约科创街—荣昌东街一线	—
东红门	单门阙	东红门	—	南海户村、马驹桥
旧东红门	随墙门	—	约潮通路一线	
辛屯角门	随墙门	—		同义庄
房辛店角门	随墙门	房辛店	柴房路	房辛店村、辛房路
回城门	双门阙	大回城村、东回城村	约青解路一线	大回城村、东回城村、霍洲营、解州营等
大屯角门	随墙门	大屯	三屯路	东大屯、中大屯、西大屯
北店角门	随墙门	—	赵大路	北店
南大红门	三门阙	南大红门	京岚线（京福路）	南大红门村
三间房角门	随墙门	三间房	约西三路一线	三间房村
刘村角门	随墙门	刘村	约团桂路一线	刘一村、刘二村
黄村门	双门阙	黄村	南湖巷	黄村镇、海子角
高米店角门	随墙门	高米店	约乐园路一线	海户新村
西红门	双门阙	西红门	约宏福路一线	西红门镇
潘家庙角门	随墙门	潘家庙	潘家庙路	潘家庙
镇国寺门	三门阙	镇国寺	—	镇国寺、镇国寺北街
马家堡角门	随墙门	马家堡、角门	马家堡路	马家堡村、角门路、角门北路

缓解，但南苑曾经存在过一个以皇家围猎功能为主的生态保育核所造成的某种空间"后遗症"却颇值得玩味。

　　老城与南苑仿佛北京的一对互补肖像。前者规矩端正，后者因势铺展；前者经纬紧密，后者卷舒空阔。前者实得精彩，让人担心它在岁月变迁中被磨灭掏空；后者却虚得动人，让人担心它因为现代城市扩张而被塞得太满。它们一同构成了这座城市在大地上的轮廓，岁月曾经摧蚀它们，但却渐渐地正在成为它们的朋友。

变形

 如今的隆福寺艺术街区   20 世纪 50 年代的东四人民市场与隆福寺遗存

清代极盛状态的大隆福寺

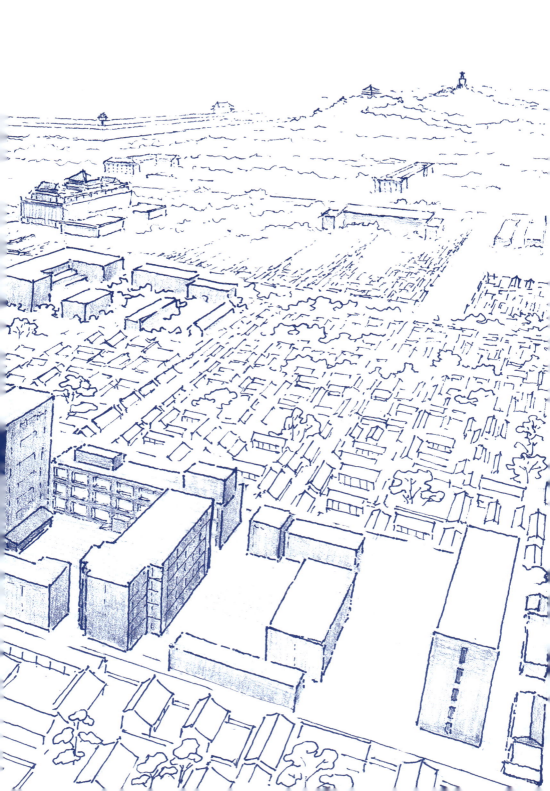

隆福寺——建筑轮回的下一站

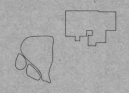

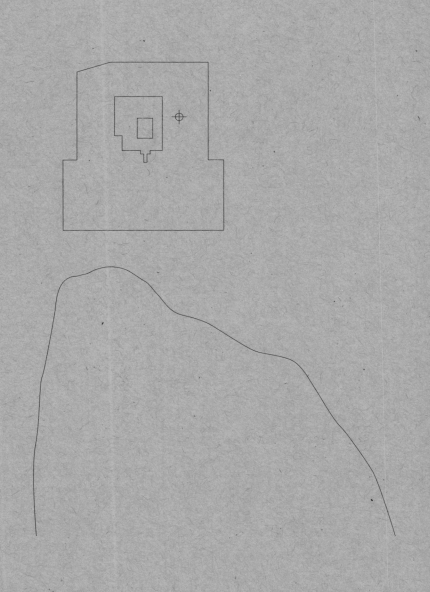

景泰四年（1453），当崭新的大隆福寺傲然耸立在东四牌楼以西那摩肩接踵的繁华中的时候，整个东城的百姓都感到无上荣耀，因为北京东城终于拥有了一处能与寺观林立的西城分庭抗礼的巨刹。

　　此时却有一个人，孤独地深陷在咬牙切齿的懊恼与愤怒中。

　　事情要从大隆福寺开工之后的一天说起。这一天，古树重重、殿庭幽深的皇城南内崇质宫响起一阵拆卸砖石、斧斫木植的声音。还没有半日工夫，翔凤殿台基上的白玉雕栏早已被拆卸一空。为首的那位叫陈谨的中官吆喝着役夫们把雕栏搬上大车，径直出东安门去了。它们将成为景泰皇帝敕令兴造的大隆福寺的一部分。

　　不远的地方，原本浓荫掩映的崇质宫已经几乎失去了所有环绕它的古树，京师白亮刺眼的阳光洒了下来。宫门悄悄泄开一条小缝，那里面是软禁中的太上皇明英宗朱祁镇阴鸷的目光。

　　数年之后，太上皇夺门复位。一大批曾经薄待过他的宫监被下狱，首当其冲的就是那位敢于拆用南内木石的陈谨。被废为郕王的景泰皇帝当初可能没有想到，他根本没有机会看到他敕造的隆福寺；他更想不到，在他之后的五百年中，他的大庙竟然会接连以各种奇绝的方式改换自己的面貌，直到最后，任凭谁也认不出来了。

东城第一巨刹　　当年，景泰皇帝在《大隆福寺敕谕碑》的碑文中把他兴修隆福寺的动机说得相当明确：礼佛佑民本是应当，京城大寺院不少，足以彰显朝廷襄赞佛教的态度，但是这些巨刹都在西城，东城却没有大寺，未免感到愧疚。于是，他请工部在皇宫左侧（东侧）选址，修建隆福寺，以弥补这一缺憾。这里所包含的城市功能考量是当时的皇帝谕旨中不太多见的。那时的北京，还是几座皇家巨刹各领一区的格局。大兴隆寺、大慈恩寺和大隆善护国寺雄峙在京师西城，这几处寺院各具胜景：兴隆寺以长安双塔闻名，慈恩寺以临水高阁为胜，护国寺则殿宇重重，廊庑幽深。在这几处大寺的映衬下，隆福寺的兴建确实给当时缺乏大寺的东城加上了一颗有分量的砝码，它那殿阁连天的规模让整座京师侧目几百年之久。

然而，对于这位在明英宗陷在北疆之时仓促登上大位，又刚刚把迎回的太上皇哥哥软禁在南内的天子而言，兴修佛寺除了护国佑民、在东西城之间寻求城市功能平衡之外，恐怕还有某种更为微妙的内心情感寄托。他还在碑文中强调，此番工役，不伤民力，寺材"悉取于官之见有者"。从陈谨拆用南内木石材料这件事来看，景泰皇帝倒真是没有虚言，只不过事情办得实在算不上光彩。

且让我们看看大隆福寺在《乾隆京城全图》上留下的身影。这座大庙前临丁字长街，长街向南直通朝阳门内大街，向东西分别通向东四北大街和皇城东墙。这三条大街上各有一座牌坊，标志着隆福寺的皇家身份，这不免有些让人想到

↑ 1901 年，火灾前隆福寺天王殿的景象

↓ 19 世纪末的慈天广覆殿，规制罕有，来自南内的石栏板历历可见

朝天宫。一寺一宫东西遥峙，仿佛为释道两家在大明的都城构建了一种微妙的平衡。山门五间，这已是不多见的规制；正殿慈天广覆，是一座重檐庑殿顶七间大殿，形体高耸，巍巍特起，宛如皇家殿堂。这一规制应用在京师的佛寺正殿上，可以说是绝无仅有。大殿坐落于汉白玉台基之上，赫然被一圈雕栏环绕——那正是南内翔凤殿仅存的遗物；第二座大殿额曰万善正觉，五间单檐庑殿顶，飞檐铺展如翼；第三座大殿额曰毗卢殿，三间重檐歇山顶，虽然规模逊于前两殿，但从老照片来看，同样是一座体魄雄浑的结构。后檐下一处虎座抱厦作为收尾，更增添了建筑形体的层次感。

在这三座大殿之后，庑廊合围，连接起法堂和两座东西并峙的侧殿。隆福寺至此并未结束，穿过法堂，还有一座规模可观的院落；整座寺院最终结束于一座面阔七间的后罩楼——此处已经接近钱粮胡同，算起来，距山门已有250多米的进深。

"虎座"又称"虎尾"，是一种附着于殿堂后部的小型抱厦。这种抱厦有利于建筑物内部的动线安排：一些殿堂中的造像、宝座等为了取得最好的视觉效果往往贴近后墙，仅与后墙之间留出狭窄的缝隙。这使得建筑物的使用者绕过造像、宝座从后门离开有所不便。增加虎座抱厦，可以使造像、宝座后面的空间变得宽裕，便于从后门离开。明代高等级寺庙、宫殿等建筑多见虎座抱厦，清代相对少见。下图示意性表现隆福寺毗卢殿（上）、大觉寺无量寿佛殿（左下）、护国寺崇寿殿（右下）的虎座模式。

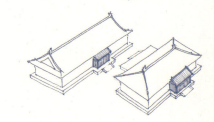

↖ 20世纪初的隆福寺万善正觉殿。图中天王殿和慈天广覆殿已毁，万善正觉殿成了入寺后第一座建筑

↗ 20世纪初的隆福寺毗卢殿北立面

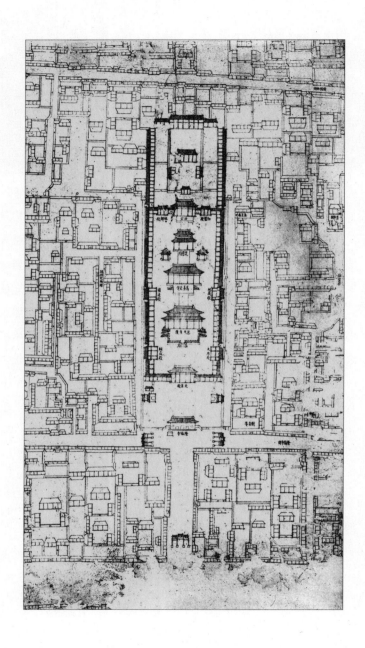

↑ 《乾隆京城全图》中的大隆福寺区域

皇恩叵测，市集隆长　然而，这样一座宏大的寺院，从它建成之初就没有平静过。隆福寺的开山之祖景泰皇帝本人，曾经希望在寺院落成之时亲临瞻礼，却遭到了一位太学生的反对。佛教在当时尚未完成与儒、道系统在官方话语中的融合，往往被儒士们视为番教。于是景泰帝在最后一刻取消了临视隆福寺的计划。不久之后，皇帝又出于某些可能只有他自己才知道的理由，听从都御史朱鉴的谏言，以风水忌讳的名义拆除了自己兴建的巨刹山门前的"第一丛林"大牌坊，并且禁止寺僧鸣钟击鼓。故而，隆福寺的皇家地位在明代其实只持续了极短的时间，随着景泰帝"敕都民观"，隆福寺彻底成为公共空间，面向京师的百姓开放。站在历史之外回望，我们很容易发现，所

近世所见的牌坊是由唐宋时期的坊门、乌头门式建筑演变而来，一般设置在大型建筑物前作为空间标识。有木、砖、石等结构类型。北京地区集中了各种类型的牌坊，如常用于市政标志物的冲天柱式牌坊（上左：西四、东四牌楼；上中：成贤街牌坊）；用于大型寺观前的楼式牌坊（上右：雍和宫牌坊）；砖仿木结构的琉璃牌坊（下左：北海西天梵境牌坊）；石仿木结构的牌坊（下右：碧云寺石牌坊）等。隆福寺前丁字街曾经有三座牌坊，目前均已无存。从皇家寺院的惯例推测，它们应是不用冲天柱的楼式牌坊。↓

谓"第一丛林"的名号在京城绝非佳兆，在此之前获得此称谓的庆寿寺在接下来的岁月中盛极而衰，最终归为白地，而隆福寺也险些走上同样的道路。

　　景泰帝被废之后，偌大的隆福寺彻底失却了皇家的庇护。又历经了几代天子，到了嘉靖一朝，世宗毫无遮掩地崇道抑佛，让京师多座大刹在这一时期走到了它们的尽头，更多的寺院则元气大伤。隆福寺以其错综复杂的身世，在此时只是一派斜阳衰草，没有遭受物理性的灭失，算是万幸了。

　　当隆福寺再次获得新生时，已经是清雍正时期。随着皇家主持的修缮工程，这里再度成为京师首屈一指的名刹，并以此为契

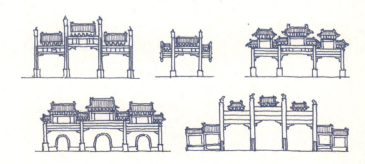

机转变为藏传佛教寺院。乾隆初年，在雍和宫建成之后，隆福寺被划归雍和宫的下院——如此浩大宏敞的下院恐怕绝无仅有。倘若隆福寺今天仍在，其殿堂完全可以与雍和宫相提并论，这两处皇家大寺的巨殿与高阁，本可以成为北京东城的双璧。

与其宗教地位一起上升的，还有隆福寺作为京师一大庙市的身份。至此，为北京百姓们所熟知的那座百货云集、人流如织的隆福寺的形象才完全出现了。在明代，都城隍庙庙会曾经借助皇家的祭仪而一枝独秀，繁华无限，可算作北京庙会的老始祖。进入清代，庙会渐渐常态化，并转移至城中多地轮流举行，摊贩们开始习惯转战于多所寺庙之间。隆福寺的庙会定在"逢九逢十"——不是每月两天，而是五天或六天：初九初十、十九二十、二十九三十（农历只有部分月份有三十）。前后相继的，还有逢三的都土地庙庙会、逢四逢五的白塔寺庙会、逢七逢八的护国寺庙会。如此一来，北京人每个月几乎天天都有庙会逛，这还不算白云观、东岳庙等处逢年过节的庙会。香火与烟火就这样混杂成了一种独特的气氛。

庙市的繁华早已被那首著名的"东西两庙货俱全，一日能销百万钱。多少贵人闲至此，衣香犹带御炉烟"形容得淋漓尽致。这诗里所说"多少贵人闲至此"并非夸张。根据曾在乾隆朝来华的朝鲜使节朴趾源（1737—1805）记载，他的一位同事曾经在隆福寺庙市上偶遇出使过朝鲜的大清吏部侍郎兼蒙古副都统嵩贵（1733—1789）。如此贵胄竟然正在亲自挑选狐裘大衣，拿起来在自己身上比量长短，这让朝鲜使节大惊失色，因为按他们的习俗，略有身份之人都不会亲临市集。然而，隆福寺庙市的繁荣，恰恰是靠爱好文玩雅器的名士们维持的，他们从不惮于亲手挑选货物，亲口讨价还价。朴趾源不禁感慨，怪不得"中国人人能有精鉴雅赏也"（《燕岩集》卷十五》）。

从明至清，北京各大庙会盛衰相继，此消彼长，而唯一长盛不衰的庙会就是隆福寺的庙会。直至清末，唯一能与隆福寺庙会分庭抗礼的护国寺庙会也渐渐随着护国寺的破败而略趋衰微，唯独隆福寺毫无衰落迹象。

让我们把时间拨快。1901年的初冬，隆福寺经历了创建以来的第一次大灾。一位在大殿中值夜的喇嘛不慎碰倒油灯，一夕之间，慈天广覆、天王殿和钟鼓楼化为灰烬。在此之后，慈天广覆大殿那些来自南内翔凤殿的雕栏渐渐散失殆尽。然而，正在繁荣鼎盛之中的庙市几乎完全没有受到这次火灾的影响，摊位迅速占领了天王殿和大殿的基址，声势比往日更张。

1952年，隆福寺庙市经过统一改造，成为东四人民市场。此时的隆福寺变成了南北两段，南段除山门尚存以外，其余建筑基址被清理，并兴建了规格统一的营业大棚。而北段从万善正觉殿开始，原有建筑基本保存完好。至今，隆福寺东西夹道依然保持着人民市场东西巷的称谓。

1976年的大地震之后，隆福寺北段建筑受到一定程度的破坏，随即被落架等候重修。然而在当时的历史条件下，一经落架，隆福寺就彻底变成了一堆散料，再也没有机会重新站立起来。1985年，东四人民市场被隆福大厦取代，庙市的繁荣在崭新白净的隆福大厦中继续燃烧着它最后的辉煌，直到1993年的一天夜里，这耀眼的辉煌连同大厦一起燃烧起来。

或许是因为隆福寺早已在日久年深中把翔凤殿的魂魄和那些雕栏一齐失却了，这次燃烧并没有带来涅槃，这场如日中天的繁荣走到了尾声。为我们所熟知的最近一版隆福大厦从 1998 年开始矗立到 2016 年，而这座大厦和被它压在下面的隆福寺之间的关系，则慢慢地被这座城市遗忘。至此，古老的隆福寺，带着翔凤殿宫禁血缘的一代巨刹，已经如同被抽换了最后几根木头的忒修斯之船，转生为一片完全陌生的结构。

盛衰无凭，当年人头攒动的庙会，现在已大多远离庙宇；昔日的繁盛之地，今日往往早已时过境迁。隆福寺的殿宇峥嵘，如今只能由几个藻井来提醒人们——在万善正觉殿和毗卢殿中，都曾经有精致绝伦的金丝楠木藻井，这些藻井随着地震后庙宇的解体而搬迁散落在城北的黄寺中，直到 20 世纪 90 年代被渐次寻回并拼补成形，挪至先农坛的北京古代建

藻井是高等级殿堂建筑的天花装饰，施用于天花板中心位置，结构向内层层凹入如井状。历代建筑藻井形态极为多样，但其结构组成大致是由一系列基本型组成。下图仅举数例斗拱的平面构成（上左：隆福寺万善正觉殿第二次间藻井；上右：养心殿藻井；中：独乐寺观音之阁华盖藻井；下左：太和殿藻井；下右：宁波保国寺大殿藻井）。

筑博物馆中展览。其中，万善正觉殿中央的那处藻井，天宫楼阁，上下四层，金霞彩云，其精致无匹，乃是北京殿堂藻井的孤例。要知道，万善正觉殿还只是隆福寺第二层殿，其精美已至于此，当年那座被烧失的慈天广覆正殿的藻井又该有多宏丽，我们只有空对着《帝京景物略》中"殿中藻井，制本西来，八部天龙，一华藏界具"的描写去想象了。

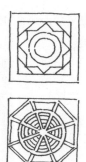

↑ 隆福寺万善正觉殿明间藻井如天宫攒聚，引人视线直入九霄，是颇具现代感的设计（徐林暄摄）

↓ 隆福寺毗卢殿明间藻井中心的龙，尽管换了栖身之地，依然俯瞰来来往往的人（梁雅琪摄）

永不停歇的变形记　　隆福寺的故事还远没有结束。在酝酿了数年之后，隆福寺地区的改造再次让这里成为全城瞩目的焦点。2012 年左右，人们曾经提到拆除隆福大厦、恢复隆福寺的可能性，但这一设想也很快被湮没在一轮接一轮的方案设计中，最终的改造方案将重点放在了整个区域的复兴上，仍保留现状隆福大厦，只对其部分结构和外立面进行调整。随着工程的推进，2016 年 6 月，隆福寺最后仅剩的人声鼎沸的时刻，每日的早市，也走到了尽头。

一个时代过去了。一场漫长的繁华暂时落幕了。

之后的几年间，隆福寺区域被重重铁门封闭了起来。绕着连丰胡同、钱粮胡同和人民市场西巷走一大圈，可以看到落寞已久的隆福大厦在脚手架的包围中再一次改换着自己的面貌，向着下一场建筑的轮回前行。在土木交错的恍惚中，人们仿佛看到了曾经的大隆福寺初创时的情景。

↖ 2016 年，改造中的隆福大厦南立面（笔者摄）　　　↗ 2016 年，从连丰胡同看改造中的隆福大厦（笔者摄）

　　在尘土、焊花的飞扬中，最初的隆福寺的样貌被彻底遗忘了吗？有趣的是，似乎并没有。市民们很熟悉，1998年版的隆福大厦顶上有一组仿古建筑，意象化地表现了曾经的隆福寺，但与真正的隆福寺各殿其实并无太多相似之处。到了2016年，随着大厦的改建，这组仿古建筑也经历了改造。令人惊异的是，改造之后，它们的效果真的更加接近曾经的大隆福寺中的几座建筑：从南到北分别是山门殿和侧门、简化缩小了的万善正觉殿和毗卢殿及虚构的后殿。这一板一眼的调整改造作为对已经无存的古刹的比附，颇有些无奈，但也的确蕴含了些许诚意。

　　2019年，隆福寺原址后部在历经改造之后已经蜕变成了一处艺术街区，最新的艺术馆、酒吧、时尚潮店开始在这里聚集。而在南侧的隆福寺街，改造依然在继续。这处街区的改造效果将会如何，能否重现往日的繁盛，我们尚不得而知，在曾经存在过

↑ 隆福大厦顶部的新版仿古建筑，与1998年版相比，更多体现了摹写大隆福寺原状的意图，已经成为东城区最新的游览热点（笔者摄）

巨殿峥嵘的地方，景泰皇帝的微妙用心却早已被湮没在层叠的玻璃幕墙背后，不复有人在意。

　　建筑可以被生活影响，建筑也可以影响生活。几个世纪以来，隆福寺在这座城市中已经扮演了多种角色，而它的参与，无论是积极还是消极，都将继续下去。一个新的时代还有待缔造。将要再次定义隆福寺的，终究还是一代代与它生息相关的人对它的眷恋、期待和使用。比起曾经的栋宇参天，来得更宝贵的，是一座古寺在时间中幻化出的无限可能。

　　六百年过去了，大隆福寺已经转生多次，它所有的荣光与尴尬，似乎都应该已经消融在北京的风尘中了。倘若有一天，景泰皇帝神游至此，看一看他曾经倾注心神但却又从未谋面的大寺，他一定会头晕目眩，心里暗暗责怪大太监陈谨，当初只说去南内取些石栏板来用，却花了六百年，给朕造了这么个上天入地的怪家伙！

↑ 2023 年初秋，焕新的隆福寺街区即将迎客（都澄摄）

假如我们观察北京、承德等地官式庙宇的平面格局，就会发现它们大体可以分为两类，即"廊院式"与"合院式"。

"廊院式"以一圈庑廊串连门殿、侧殿与后殿，并将一座或多座主体殿堂围绕在院落中央。

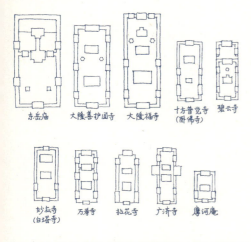

"合院式"则不设庑廊，而是以更接近四合院的模式将整体分为两三进院落，前后以院墙隔开，每进院落各有正殿侧殿。

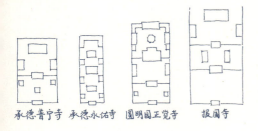

刘敦桢先生发现，这两种模式中，"廊

院式"平面是一种更为古老的设计："北平诸寺，于大殿左右，配列廊房与东、西配殿，互相衔接，实袭元代旧法。"林徽因先生则在散文《平郊建筑杂录》中以西山十方普觉寺（卧佛寺）为例，进一步指出："这种平面布置，在唐宋时代很是平常，敦煌画壁里的伽蓝都是如此布置。"而"合院式"格局则相对晚近，更多见于明代后期至清代创建的寺观，或者经过后世重修的寺观。北京地区固然已经没有唐、辽等时期的木构建筑群遗存，但各处"廊院式"寺观依然部分留存有高古时代的遗意。这一事实提醒我们，在城市与建筑史上，平面格局往往是相对难以发生激变的因素，可能受到后世营造者的延续保留而呈现某种程度的"迟滞"与"返祖"。

在清代，明代皇家大刹中硕果仅存的隆福寺和护国寺曾被北京人分别以"东寺"和"西寺"相称。与护国寺南北十进院落、将近400米的幽深相比，隆福寺则胜在殿宇的宏大和多样。两座大寺就这样带着各自的气度镇守着北京的东西城。如果我们只看这两座寺院的主体廊院，就会发现，隆福寺恰与护国寺同宽。这里或许隐含着某种具有时代特征的平面设计模式。已知护国寺的平面奠定于元代崇国寺

↑ "廊院式"寺庙（笔者绘）

↓ "合院式"寺庙（笔者绘）

时期。元大都共有两座崇国寺，以南北方位相区别。有一种说法认为，隆福寺即是由元代南崇国寺改造而来。事实上，南京承恩寺"颁赐《大藏经典》碑"记载，北京隆福寺与南京承恩寺的寺址都曾经是大太监王瑾的宅第。

然而从护国、隆福两寺平面尺度的近似关系推测，隆福寺参考了某处元代寺院的基址并非不可能。我们甚至不妨大胆猜想，以大太监王瑾受到的皇家厚赉，或许他的在京宅第本身就曾是一座元代建筑群的基址。只不过隆福寺最终在一个相对局促的廊院里实现了极为紧凑的布局，安排三座大殿，其前殿重檐七间，是崇国寺乃至大部分元代寺观在这一尺度级别的廊院中所没有的巨刹规格。

借着本篇述及隆福寺的机会，我们把北京地区现存及无存的主要寺观的中心部分配置规模（立面间数）绘成一图，以探索某种潜在的等级序列。

从图中可见，除雍和宫与贤良寺这两座由清代王府改造而来的大型寺院因为沿用原王府银安殿而拥有七间正殿以外，北京城内仅有朝天宫、隆福寺两处明代大型寺观拥有七间重檐正殿，高居规制金字塔的顶端。这两处建筑群并非严格意义上的国家坛庙，但它们均触及了释道两家在京城所可能达到的最高地位，并且已经具备

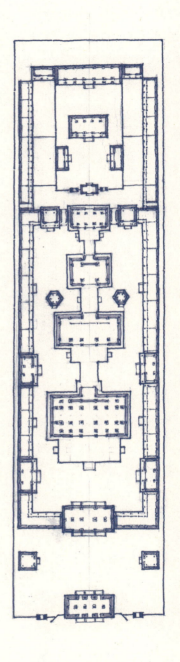

↑ 结合北平研究院《北平庙宇调查》中的平面测绘、《乾隆京城全图》、老照片等图像资料及若干清代档案，可以按柱网精度复原隆福寺建筑格局（笔者绘）

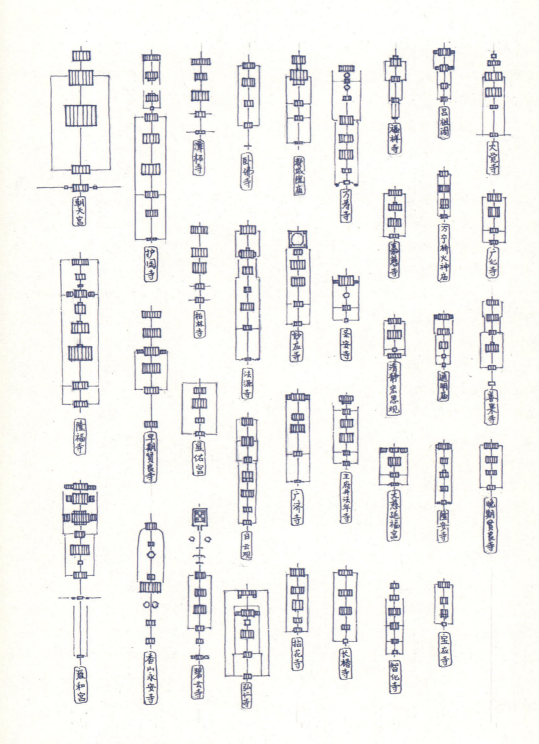

↑ 北京部分寺观的各单体建置规模（正立面间数）及其
组群配合情况（笔者绘）

了某种不必明言的皇家属性。除此之外，即便是皇家敕建寺观，一般也以正殿五间者居多，而重檐者更是寥寥。

有研究指出，寺观主体建筑倾向于应用单檐，尤其是单檐庑殿顶屋面，是中国北方地区的一种地域传统；而江南寺观的主体建筑则在宋代以来体现出对于重檐，尤其是重檐歇山顶屋面的偏爱。北京地区缘起于元、明两代的官式寺院主体建筑模式在一定程度上验证了这一观点。

江南巨刹道宫，如明代南京朝天宫、宁波天童寺与普陀山法雨寺等，其轴线主体建筑无一例外全为重檐歇山顶；而北方辽金丛林如大同善化寺、上华严寺、义县奉国寺等，则倾向在主体殿堂应用单檐庑殿顶。（参见赵向东《"行云却在行舟下，疑是湖中别有天"——中国古代建筑中庑殿与歇山之"等级"辨析》，《建筑学报》2011年第S2期）在这一谱系中，元明时代的北京显然还处在北方传统的影响下。明代北京朝天宫规制仿照南京，很可能即将南京朝天宫的重

庑殿与歇山是东亚古建筑的两种高等级屋面形式。庑殿又称"五脊殿"，因其由五段屋脊构成；歇山又称"九脊殿"，因其由九段屋脊构成。因其结构特点，同等平面尺度的歇山屋面（右），其正脊要长于庑殿屋面（左），其体量感也更显著。这使得歇山屋面在仰视时尤其具有较强的表现力，在尺度有限的空间中，这种表现力更加凸显；而庑殿屋面则需要宏敞的观赏景深才能彰显其铺展如翼的形体。所以尽管在理论上重檐庑殿顶是至尊形制，地位高于重檐歇山顶，但从美学角度考虑，它们各有其最适合的应用场景。↓

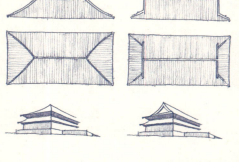

檐规制复制北上，而景泰帝营建隆福寺时，则又从朝天宫汲取灵感而将正殿、毗卢殿设计为重檐，终使南北两种传统在北京趋于混一共存。

当然，寺观建筑群并不仅以单体建筑的至尊规制来彰显其皇家身份，而是更多追求某种集群效果，比如深邃的廊院、中轴线上多座殿宇的层叠和配合。在这一意义上，隆福寺可算作北京明清敕建寺观中单体建筑造型最为丰富的作品之一，其主体殿堂的屋面形式均不相同，在紧凑的格局中展现了某种多样性，而护国寺、妙应寺等殿堂模式的严整统一则更加接近北方大刹的古老传统。至于用地宏阔开朗的朝天宫，在体现江南道宫原型的同时，则又带有国家坛埠的意味。虽然同是寺观，却各异其趣。

这也提醒着我们，房子也好，城市也罢，并不存在某种绝对的"纯粹时代属性"或者理想化的"标准正统做法"。一个角落、一个细节的突兀，数个时代、不同地域的融合，才是空间密码的常态。

流转

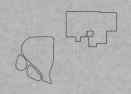

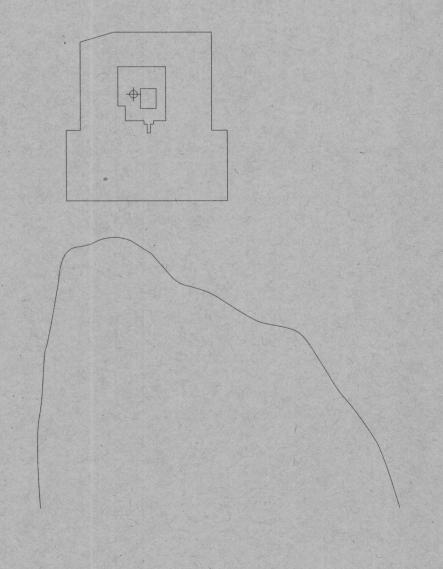

嘉靖皇帝的规矩严，结交几个内侍问题不大，君不见当年江陵相（张居正）也和冯司礼（冯保）一外一内把持朝纲呢。皇城西苑更是"禁网疏阔"，就连市井少年胆子大的也敢直闯西安门，到门房只要步速不减，随口说自己有内府公干，门官也就摆摆手让进去了。更何况几天前已经和认识的内官朋友打了招呼，他早就在门前迎接呢。从西安门进入皇城，你甚至可以先骑在马上，不必下来。道路两边首先是一片衙署，作为从街市到禁苑的过渡：左手边是占地广阔、一直延伸到皇城西北角的十座皇家仓库：甲字库、乙字库、丙字库、丁字库、戊字库、承运库、广盈库、广惠库、广积库、赃罚库，统称西什库。许多个世纪后，名存实亡的"西什库"一词将被用来指代京城四大天主堂之一的北堂，而十座仓库的遗存则无处寻觅。右手边是惜薪司，负责向整座皇城分发炭的机构。向夹道里张望，有许多内官往来，接应你游历西

↑ 据传为文徵明绘制的《西苑图》，是明代表现西苑的画作中最为精细、最可供史家参考的一幅。这幅图对当时许多建筑细节的描绘虽然仍较为写意，但不亲见其景者难以画出。画面上端的排房式建筑即为西什库

苑的内官朋友便住在这一带。直到四百年后，虽然没了惜薪司，他家这夹道还在，名叫惜薪胡同，记录着历史上这一内府机构的存在。再往后，这惜薪胡同也就落得个片瓦无存了。可是天下哪儿有永存的巷陌呢？一条夹道有何可惜？你这样想着。

再往前，人声愈稀，宫墙森然，那些在史书上只见其名、不录其形的宏丽伟构开始投下它们的巨影。世宗皇帝的御用道场大光明殿出现在路南，这座宛如明堂的建筑群以一座蓝瓦圆殿为中心，内官们都记得当年御炉飘香，羽士往来，是极为精严的道场，车驾警跸之时，闲人屏退，莫敢喧哗。世宗升遐之后，穆宗不喜此道，从未亲临，大光明殿只剩下一片寂静。但是想起当年宝幡飞扬之下，先皇多少精神灌注于此，穆宗也不愿废毁此地。此刻大光明殿依然傲立在太液池西岸，可是你心中却突然涌出了一丝难以解释的不安，担心这明堂巨构有一天终会一炬而焚。

"可天下哪儿有永存的伟构呢？"内官朋友劝慰你，就算有那么一天，那也一定是这道场追随世宗而去。《礼记·祭法》讲得明白，"去祧为坛，去坛为墠"，就算殿宇废去、台基铲平，最后它只剩下一道围墙留给世人，也是符合古礼的。

于是你便释然了。

内官朋友引着你沿大光明殿向南，一座人造的高峰耸立在前，这就是兔儿山了。这座怪石嶙峋的山峰造于元代，史书称其有五十丈，这自然是夸张的说法，但已足见其高大。整座山"远望郁然，日光横照，紫翠重叠"，甚至能与万岁山，也就是作为京师之巅、宫阙屏翰的煤山"坤艮相望"。内官领着你从山脚而登，一路穿行，身边奇石耸立，洞穴蜿蜒，进出数次之后，已经到达

131

山巅，视野骤然开阔，整座西苑在眼前展开。都说西苑之景如登仙境，非人间所宜有，这真不是虚言。

但你依然感到一点遗憾：国初的学士们曾经有机会获赐游历西苑，游览到兔儿山的时候，内官们会奉旨将山上的水法打开，山顶上六个大铜缸同时向下注水，水流穿过山石，再从山洞口垂下，仿佛水帘洞一般。山洞前更有白石龙头，水从龙吻喷出，上下呼应，水汽蒸腾，在阳光下映出虹彩。水流在山脚下汇聚，从山前殿宇中穿出，又在殿前流经九曲石渠，石渠为前元遗存，宛如一处巨型的曲水流觞。如今这样的盛事已经有许多年没有发生过，皇帝游幸日少，只在万岁山后寿皇殿起居，而兔儿山的水法也不再为游览者吞吐，无法一饱眼福了。只有在山巅的清虚殿平台上徜徉，看着太液池对岸的两座高山和远处一望无际的京师巷陌。

水法是以水流作为景观的机械装置的通称，即相当于现代语境中的喷泉。中国古代园林中如今最为人熟知的水法群落，无疑要属长春园（圆明园附园）西洋楼建筑群中的海晏堂（十二生肖水法）、远瀛观（猎狗逐鹿水法）等西洋水法，但中国古典园林中也有传统水法。这些水法的基本原理是相同的，都是预先将水储于高处，演示时使其泻下，利用连通器原理使水从较低处的喷水口喷出（左图）。而水法设计则在于塑造这些喷水口的形态，让它们呈现雕塑、山石罅隙、水帘洞、涌泉等形态。在理想的水法设计中，喷出的水还要重新回到高处再次利用。这就需要使用机械或人力为之（右图）。文献记载中，元代的琼华岛曾经存在过能将水提升至山顶的大型机械，这些机械已经失传。清代长春园西洋楼的蓄水楼使用法国传教士蒋友仁设计的水车蓄水，乾隆末年，传教士在华活动趋于沉寂，这些水车也不再使用，仅以人力蓄水。

宋徽宗在汴京叠山为艮岳，曾被传为一代佳话。随着宋室南迁，佳话又转了为令人唏嘘的镜鉴。艮岳早已无存，但这一传统却通过历代经营，在北京得到了传奇式的发扬。此刻在京师的中心，太液池的近旁，并存着三座人造高山。兔儿山虽然是太液池畔三座高山中形体最小的一座，但也是山石比例最大的一座，其意趣全在叠山垒石，筑洞造峰。最古老的一座是创自金代的琼华岛，起自水中，宣宗曾经在《御制广寒殿记》中训诫后世，说这琼华

132

岛就是宋代的艮岳，金人将其挪至此地，不惜从千里之外运输艮岳遗石。内官朋友指引你望向琼华岛的山巅，那里就是广寒殿曾经矗立的地方。广寒殿兴修于金代，在元初又经重建，碧瓦辉映，与遍山的绿色融为一体。可惜的是，就在万历七年（1579）端阳节前一天，这座跨越了三个朝代的广寒殿终因失修而坍毁。"先生来迟了三十年，看不到了。"

"山巅秃兀终是可惜，不知何时才能兴复旧观呢？"你唏嘘问道。

"或许有一日，琼华岛上会有一座白色的浮屠呢？"内官朋友忽然若有所思，幽幽地说。

"不可能！"你大声驳斥，"宫禁之中，岂能有寺塔？你们内官往往惑于释氏，引导今上崇佛，你如何也跟他们一样？"内官朋友便讪讪地不说话了。

琼华岛东侧是俗称煤山的万岁山，创自国初，最为年轻，五峰连脉，极为宏阔，以堆土为主，山石覆盖最少，仿佛一座真正

↑ 金代琼华岛上的琼花盛开已无可考，但直到今天琼华岛矗立在太液池中，依旧是城市中心极为奢侈的岁月片段（笔者摄）

的大丘，山上并无建筑。

"都说是煤山，真的是用煤堆成？"你问道。

内官朋友冷笑一声，"哼，宫闱中事，你们外臣往往道听途说，耳食影谈，先生如何也跟他们一样？这万岁山是文皇用拆毁故元宫室的渣土堆成，哪里有煤？"你知道他是在小小地报复你刚才的指斥，于是也默然了。

煤山既无山石亭榭，山巅也仅有零星的松柏。可能是为了缓和尴尬的气氛，内官朋友开口道："如今万岁常在山北的寿皇殿起居，却不常上山游观。或许有一日，这万岁山上会营造亭榭呢？"

你赶忙接过话来："是啊，煤山有五峰，正可以营建五亭，北拒朔气，南护宫、殿，以备富览周赏、观妙辑芳，为万春千秋计，岂不美哉？只是不知何日得见？"

↑ 夏日雨后，景山为城市贡献了最宝贵的一片云岚。在历史上任何时刻，景山上都没有今天这么多树木（笔者摄）

二人相对点头，仿佛已经看见了景山上涌出五座亭榭的样子。

这三座隔岸相对峙立的山峰构成了京师核心的一片小地貌，以高耸的形体串连起了平面铺展的大内与离宫。皇城周边并无高阁佛塔可以俯临禁地，但以这三山之高，都中百姓们如果攀爬到自家屋顶，一定能远远地看到这三座高山的一角突出于屋脊和绿树的海洋之上。他们会不会和有幸在这座城市的中心略窥重地的游人们一样，感到一种夹杂着敬仰的快意，并情不自禁地谈论起这国家的运行来呢？

站在这座兔儿山上，内官朋友指点你像大明的皇帝那样眺望。你看到皇城在眼前展现出一片由奇幻而陌生的巨构组成的天际线。在南边，与兔儿山处在同一条轴线上的，是一座傲然挺立的圆形高台，上下七层，层层环绕。后世人看了，会发现它仿佛泰西木版画上的巴比伦通天塔形象。这座名叫丹冲台的高台创立于崇尚道教的世宗之世，他将这座高台步步旋升的七层依次命名为玉光、光华、华辉、辉真、真境、境仙和仙台，并于顶层设醮，在明澈的星夜下禳祈北斗。宫闱中只称呼这座高台的俗名"旋磨台"，但此名亦有所据，《革象新书》记载："古人以旋磨比天，则磨脐比为天之不动处，此即纽星旋转之所，名曰北极。"世宗修筑此台，或是将它比作天极在大地上的投影。

《革象新书》是元代赵友钦的天文学著作。作为七个世纪前的科学读本，《革象新书》虽篇幅不大，但总结了当时最前沿的天象知识，包括定黄赤交角为二十三度九十分；提出通过观察黑漆球在阳光下呈现的明暗分界来理解月相；定一个恒星年约为三百六十五天又四分之一，并推算恒星年与回归年之间的细微差异，即岁差。从《革象新书》可以窥得我国元代科学发展的一段繁荣时期。

视线转向东边，在太液池西岸，坐落着被称为"平台"的建筑，正名紫光阁。紫光阁是一座邻水高台，上有圆殿、挟屋，两侧斜庑连接地面，仿佛登城马道。天子站在高台之上，向东可以俯临太液，向西可以检阅禁军，武宗最喜欢到此游幸。"这紫光阁虽然雅致，却稍显狭小，"你评论道，"不若扩建成高敞大阁，仿照唐人凌烟阁的意味，六师凯旋时在此筵宴，悬挂有功之臣的影像，岂不美哉！"

"是啊，"内官朋友点头道，"不知又是我大明哪位圣子神孙会有如此气度了。"

他随即又引导你的视线低垂，望向兔儿山的东侧近旁的一片残基衰草。这里曾经坐落着元代的西内隆福宫。元亡后隆福宫并未毁坏，当成祖还是燕王的时候，这里曾是他的潜邸。这处幽深的宫殿几乎是一座小型的紫禁城，世宗斋居西苑时，专爱居住于此。直到一天晚上，万岁爷和宫妃拿着烟火耍闹，不小心点着了这重楼复殿，一霎时整座西内灰飞烟灭，"凡乘舆一切服御及先朝异宝尽付一炬"（《万历野获编》）。然而此事之后，世宗并无归御大内之心，命人在一年之内把整个西内再造了一遍，更名万寿宫，仍旧居此。几年之后，世宗升遐，重建不久的万寿宫被锐意改革的穆宗当作弊政，下令拆除，这座比紫禁城还有阅历的建筑群就此荒废。

"可惜啊！"你不禁慨叹道。

"可惜什么？"内官朋友斜着眼望向你。

"可惜穆宗之臣只知道先皇在这里斋居，极尽土木之豪奢，却不审这西内也是胜国名迹、本朝建极燕都之初基，竟不劝谏穆宗，任由这里被拆毁。"

他却摇摇头道："先生既熟知典故，就该知道，世宗朝拆撤京师佛宇多处，兴隆寺、慈恩寺结构自金、元之世，碑碣无数，

136

↑ 清乾隆《紫光阁凯宴图》，郎世宁以西洋透视画法将
清代中海西岸的凯旋赐宴景象表现得如在目前。明武宗
为紫光阁赋予的武德内涵得到了某种跨时代的继承

↓ 20 世纪初，德国建筑师柏石曼拍摄的北海西三座门。
最后的宫闱气氛正在散去，西苑大道的重重宫门即将迎
来现代交通的冲击

尽皆平毁，并不顾它们也是宣宗、英宗敕赐寺额的国朝胜迹，世宗之臣又劝谏了几句呢？一时讲一时的故事而已，谁又多为典故着想呢？"

　　你摇头不语，转过目光，绕过清虚殿，迎着山顶的风极目北眺。只见在太液池北岸，有一座高入云表的高台，台上更有殿宇，竟比兔儿山不低。内官朋友跟上来说道，这就是今上二十九年新建的镇守皇城乾位的乾德殿。它本身坐落于一座高台的顶端，这座高台本身便有八丈一尺高，十七丈宽，再加上台顶的殿宇，至少有十二丈之高，超过了大内三殿的殿脊。

　　"可游否？"你不禁好奇问道。

　　"乾德殿极高，非凡迹所至，最好还是不去吧。"内官朋友讲道，前几年，翰林院沈检讨曾与几位友人同登此台，尚未登顶，已经平视兔儿山。那时候正赶上太阳初升，他们向南眺望，"万瓦映日，大内楼台，约略在目"（《万历野获编·北台》），仿佛身处虚空一般。在莫名的敬畏与悚惧之中，众人不敢再向上攀

↑ 当年的乾德殿如今只有一处宏阔的基址存世，上面的建筑多次变换，在乾隆时期改建为阐福寺（笔者摄）

登，急急离开了那里。从乾德殿上俯瞰，皇城内外、街衢民家一览无余，就连圣天子本人都感到如此窥视民宅有些不妥，于是只在月夜宁静时到此处游玩。而官员们的劝谏更是自从修筑此台开始就没有停过，说乾德殿如此高耸，恐怕于风水不利。

"乾德殿高如北安门外的鼓楼，真是国朝宫室一大伟观。"你赞叹道，"真希望西内的命运不要落在它的身上。"

"可叹群臣动辄以乾德殿高过大内三殿为辞。"内官朋友摇了摇头，转身望向紫禁城。你跟着他的目光看去，在紫禁城中心的白石三台上，哪里有三殿的影子？分明是空空如也——万历二十五年三殿灾毁，至此尚未重建。

"若有一天三殿重建，乾德殿是否就真的不该存在了呢？"

↑ 北海北岸的五龙亭可能是北京最受欢迎的明代建筑群之一（白笛摄）

你喃喃地说。

"纵使乾德殿不容于望气者之说，它身前的龙泽、澄祥、涌瑞、滋香、浮翠五座临水亭榭也是精丽绝伦，足该传世。在龙泽亭中望向东南，琼华岛、万岁山双峰并峙，浮于巨浸，不类人间。"

"或许有一天，"你的灵感又蠢蠢欲动，"在更远的天际线上，会再耸起一座山峰，群石摩天而立，晶莹剔透，在夜间灯火通明，才算完此京师大观。"

内官朋友看了看你，这次却没有回应，或许是你说的已经超出了他的思维范畴。他只是轻轻说道："不早了，下山吧。"

"是啊，下山吧。"

暮色笼罩着太液池，大地灰紫色的影子开始从紫禁城的方向升起来。两个人沉默地下山了，洒扫宫门的小珰与你们并排而行，眉眼低垂，一路无话。蛙声响起来了，水边的凉气里有残荷的气味。内官朋友邀你到惜薪司那边的私宅饮酒，但此时却忽然有一种怅然包围了你，你恍惚间意识到，你与朋友畅想的那些未来都

↑ 远处的玻璃巨厦收束了视线，充当了天际线上的第三座山，与琼华岛和景山一起形成了一个序列，每两座山之间都隔着几百年的日出日落（白笛摄）

会发生，但是它们将会发生在一个陌生的时代。某种不可名状的苍茫与无力感涌现了。于是你婉拒了内官朋友的邀请，径出西安门，把西苑的高山与高台留在了身后。

史笔的勇气　　万历三十九年兔儿山顶这一番神游，二人似乎有意无意地触碰了许多"天机"。我们能在四百年后的今天构想这样一次游历，要感谢许多勇敢的人，他们冒着泄露大明天家日常的风险，写到了宫闱的极深处；或者冒着让自己的文字在当时显得枯燥无味的风险，把许多笔墨花在了细致的描绘与罗列上。我们不可避免地会想到《酌中志》的作者，那位洋洋洒洒书录大明皇家秘辛的老宫监刘若愚。刘若愚在《大内规制纪略》一卷详细讲述了明代末年北京皇城的形胜，讲完之后，他若有所思起来：都说古人谨慎，对于皇宫深闱，从不多言。我这个深陷魏党冤狱的老公公，怎么竟敢侈言铺张，罄怀罗列，岂不是太胆大妄为了吗？

随后他回答了自己这个问题：描写宫苑之书并非没有，可往往是道听途说，错误颇多，而正史则只字不提，如何能昭示国家之盛？所谓史失而求诸野，我作为内官，身处其中，记录一二以娱观者目，或许能让更多人萌生报效国家、善待百姓之心呢？作为一位朝不保夕的将死之人，刘若愚的这些话想必不是虚谈，而是一位史家的良心。

走在如今的西安门内，车如流水，行人如织。多少年来，曾经林立的宫观早已湮灭，仙山楼阁如今只是闹市旁边的谈资。大光明殿确实只剩下了墙；兔儿山与旋磨台的遗迹也早已经被夷平；琼华岛上的白塔是城市的象征，不再有人记得什么广寒殿；兀立的景山终于在乾隆年间拥有了万春、观妙、辑芳、周赏、富览五座亭榭；乾德殿的高台在天启元年就被新君急不可耐地彻底拆除，只有它前面的五龙亭留下来，一直陪伴今日北海公园的舞步与歌声……

西苑有山有泉，有屋有城，它是京畿的缩影，从未停止变化，任谁都想要给它添一笔。那里的人与事反反复复，来来往往，层层叠叠，遗址之下有遗址，典故之上有典故。只有太液池水依旧平静，映照那变幻莫测的天空。

↑ 许多个世纪以来，所有人都希望以自己的方式给太液池畔添上一笔，最后终于将它画成了一个谜，把时光困在里面（笔者摄）

在一座城市里，多种形态、多种级别的空间标志物往往共存。其中，城门标识着城市空间边界，而谯楼——后世逐渐分化为鼓楼、钟楼和市楼等——则往往标识着城市的中心。与这些巨大而高耸的地理标志物相比，一些中小型的结构也参与了人们对于城市的空间感知，如标志着主要街道以及寺庙、郊坛等大型公共建筑群的牌坊。除此之外，还有一种形体介乎于城门和牌坊之间、往往为砖石结构、与各种墙体相配合的标志物——门楼。它们除了作为一些建筑群或围墙环绕区域的入口之外，有时也会横亘在街道上，以加强空间的层次感。北京曾经有许多门楼式建筑，它们的形态大略近似，但又各不相同。这些门楼如今已不存在，但影像资料与档案依然得以让我们历数它们的建筑模式。

如果说昔日北京哪条街最以门楼著称，那便是"三座门大街"，即今日之文津街东段。这条短短的大街在北海桑园门两侧各有一道街门，每道街门都由三个门阙组成，"三座门大街"便因此而得名。北海大桥西岸另有三道街门，共同构成了一套复杂的平交系统，在皇家车驾南北通行时拦断东西向交通。

尽管每道门都是三个门阙，但这条大街上的五道街门的形制却各不相同。让我们从西向东一一看去。

文津街太液池西岸西门（棂星门）
在太液池西岸的三道街门中，最靠西的一道创立时代最早。三座门楼近距离并立，以墙体连接，屋面采用卷棚歇山顶，仅以冰盘檐做出轻微的檐出。门扇采用格栅门的形式，如乌头门、棂星门的设计。在明代，该门有"棂星门"之称，可能与此有关。

文津街太液池西岸中门
太液池西岸的居中一道街门建立时间较晚，将三个门阙并在一起，而且三个门阙的屋面均为硬山顶，屋面两端不施吻兽，而使用民居建筑的蝎子尾，规制最低，看起来就好像是在一堵中间高两侧低的大墙上开了三个门洞，俗称骑墙门。

城
密
考
市
码
证

『三座门大街』与门楼的类型

文津街太液池西岸东门

与上述两道门相比，太液池西岸靠东一道门规制最高，是一座琉璃门，门垛下有白石须弥座，门楼用仿木琉璃件建造成重额样式，正立面檐下共18攒五踩斗拱，使得歇山屋面得以获得较为协调的檐出。这道街门也是三门道，但是仅居中有门楼，两侧门都直接开在墙体上。琉璃门两侧的墙体原本与北海、中海的园墙相连，在民国时期经过改造，将其断开以便行人通过。

文津街太液池东岸西门

文津街在太液池东岸也曾有两道街门，位于团城以东、北长街北口以西。其中靠西的一道规制最高，由三座琉璃门组成，以居中者最高大，形制近似于太液池西岸东门，唯门档花造型不同。两侧门洞较小，屋面亦较小，但檐下均为18攒五踩斗拱。三座门楼相互之间距离疏朗，以墙体相连。民国时利用三座门楼之间的距离，又在墙体上打开两处门洞，形成五门道格局。

文津街太液池东岸东门

太液池东岸靠东的一道街门虽然也由三座琉璃门组成，但三座门楼相距较近，均不施斗拱，不施琉璃盒子等装饰，亦无须弥座。

　　上面这五道街门夹峙在太液池东西两岸，外加北海大桥两端的金鳌、玉蝀牌坊，构成了昔日北京皇城中层次最为丰富、对景设置最为绮丽的一条大街。

景山前街北上东门、北上西门

从文津街继续向东，在景山前街上另有两道街门，即北上东门和北上西门。这两道门分别位于景山前街对应景山东西墙的位置上，是明代皇城北部门禁系统的遗存。它们的模式非常近似于上文中提到的文津街太液池西岸西门，只不过三个门楼为无间距紧贴，而非以墙体相连。

　　除了太液池畔的这些门楼以外，南苑的各个主要苑门均为砖石结构门楼，其中大红门、南大红门、双桥门、镇国寺门亦为三门阙。

　　以资料最丰富的大红门为例，其形态为无间距并立的三座门楼，均为调大脊歇山顶。

南苑大红门
由于其宽大的门垛和微小的檐出，在显得宏阔出众之余，门楼屋面颇有平摆浮搁的观感。除了使用带门钉的板门以及屋面调大脊以外，大红门的模式与皇城中的北上东、西门，太液池西岸西门（棂星门）较为接近，这很可能是明代门楼的通行模式。

　　这种模式的另一组案例是长安街上的东、西三座门。

长安街东三座门、西三座门
这两道标识着长安街接近宫阙段落的三座门为乾隆时期添建，除了三座门楼之间以墙体连接之外，其形制基本类似于南苑大红门。北京老城的三座门中资料绝少、最为神秘的一处——景山东三座门——也接近这一形制。

　　除了这几个案例之外，皇城中尚有东安里门这处较高等级的琉璃门。

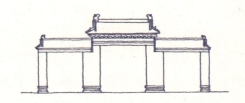

皇城东安里门
东安里门的模式与上述案例有明显差别。它不是三座完整的门楼，而是呈现为一主两副的挟屋形态，仅居中的正身为完整门楼，以仿木琉璃件做成重额、16 攒五踩斗拱的结构，屋面为调大脊歇山顶。两个侧门则是仅有远端完整的歇山顶，近端屋面直接与正身相连，门垛更是与正身连做，乃至共用须弥座。

　　在民国时期，北京的门楼依然有进一步的创新，其代表作便是新的东安门与新的长安街东、西三座门。

　　1912 年，曹锟发动北京兵变，今东城区多处街巷及公共设施遭到严重破坏，皇城东门东安门被焚毁。数年后，北洋政府希望在原址修建一座新东安门，邀请正阳门改造项目的设计者德国建筑师库尔特·罗克格（Curt Rothkegel），希望他设计一座柏林勃兰登堡门模式的西洋凯旋门。出于对北京历史风貌的理解，罗克格拒绝了这一邀请。最终新东安门仍以中式门楼的模式建造。

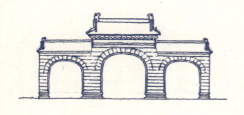

新东安门

新东安门的设计明显参考了近在咫尺的东安里门，同样采用了一正身两挟屋的设计，重额、斗拱设计亦与东安里门近似，只不过为了配合东安门基址的位势，将门楼设计得极为高大。新东安门的跨度难以用过梁解决，乃采用西洋风格的三心券，在比例上较为宽扁，仍然尽可能贴近东安里门的过梁设计。这一设计手法也出现在同一时期的长安街东、西三座门的改造中。

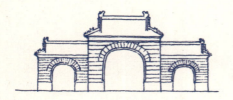

新长安街东三座门、西三座门

随着民国初年长安街全线开放通车，原有的东、西三座门显得占地太宽，于是被改造为体量集中的形态，三门阙相互紧贴，门道采用西洋风格的三心券，两侧门楼的歇山顶亦直入正身部分的门垛，但其体量远较新东安门为小。

　　城市中的门楼与城门不同，往往并非制度性的门户。很多门楼曾经有门扇，但近代以来都拆卸了门扇，成为牌坊式的装点。而新东安门、长安街新三座门等，更是在建造时就没有安排门扇，直接设计为类似西方传统凯旋门式的结构。只不过这些门虽然不再是关防所系，但依然是人们驻足的空间节点，车马也会在它们面前放慢速度。20 世纪中叶以来，城市对于笔直通达的需求日渐强烈，由不得那些愿意在门楼下驻足的人。倏忽之间，上述所有门楼竟然已一座不剩。而如今的北海三座门大街，自然也不再有门了，空余下一个甚至没有路牌的街名，在那些念旧的市民之间口口相传。至于三座门到底是哪三座，他们又何必记得清呢？建筑是易逝的，道路与肌理更有生命力，而地名则近乎长存。但在老街坊们代代相传的回忆里，它们都像橡皮泥一样可塑。

蒸发

大光明殿——消逝的天子明堂

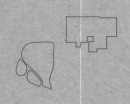

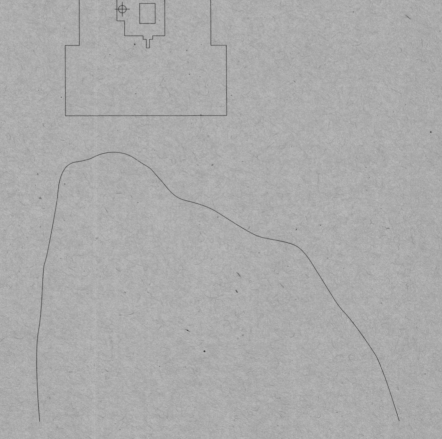

在中国历史上的每个朝代，人们都把最庄严美好的字眼留给皇家正朝大殿的额名。魏晋南北朝喜称"太极"，隋称"大兴""乾阳"，唐称"太极""乾元"，宋称"大庆"，金称"大安"，元称"大明"，明称"奉天"，清称"太和"，洋洋乎禁蔇大观。然而，在这些正殿之外，历朝历代却又往往津津乐道于一个上古传奇中的天子坐殿，它的名字始终没有变过，那就是"明堂"。明堂是天子施政之所，理论上，历代宫城的正朝大殿本身就是明堂的化身。可是人们却对这两个字眼有着更加特别的期待，希望在正朝之外再建设一座明堂，以附会上古圣德之事。

在西安门内大街南侧，有一条光明胡同，历史上的旧名叫作"光明殿胡同"。这里曾经矗立着明世宗嘉靖皇帝的得意之作，记载着历史上最后一次皇家兴建明堂的尝试。

"蓝庙"的毁灭　　1900 年夏天，席卷中国北方的义和团运动在北京地区演变成了一场目标明确的大型军事行动。两场旷日持久的围攻分别在咸丰十年（1860）以来渐具规模的东交民巷使馆区与光绪十四年（1888）在明代西什库遗址南段及附近街区上落成的第三版北堂（Pei-tang，即今西什库天主堂）周边展开。

在大清朝廷摇摆不定的立场之下，这场围攻最终引发了八国联军侵华之役与北京的惨烈陷落。联军首先为东交民巷解围，英军占领了能够俯瞰这一区域的前门，而清军则退守至俗称顺治门的宣武门（该俗称来自同一条街上的元大都顺承门）。北京的内城城门每一座都是巨大的可以独立防守的堡垒，城门的争夺将决定城市的命运。在晴朗的 8 月 14 日清晨，法军开始向宣武门进攻，听到枪声的英军立即从前门向宣武门开炮，以提供火力支援。宣武门的守军两侧受敌，很快撤出了战斗，法军仅用 20 分钟便占领整座宣武门。门上的三十多尊火炮和各种枪铳毫无用武之地，全部落入敌手。法国人发现清军还在使用三人操作的古老燧发枪。

以宣武门作为俯瞰内城的前哨阵地，法军开始向皇城进发，一路上并未受到有效的抵抗。位于皇城西北部的北堂是他们的目标，这座教堂已经处在被义和团和清军攻破的边缘。时任法国驻华公使毕勋（Stephen Pichon）在 1900 年 11 月 10 日的《时报》（*Le Temps*）副刊上详细讲述了联军攻破皇城、为北堂解围的过程：在这场激烈的巷战中，联军提前定位了义和团与清军环绕北堂而设置的据点，分别为西南方向的礼亲王府、东南方向的一座"蓝庙"（Pagode Bleue）和东北方向的一座"喇嘛庙"（Pagode des Lamas）。当法军来到西安门下时，他们发现日军已经率先抵达，但由于军械不足而无法攻破厚重的城门。此时礼王府已经陷于联军之手，义和团与清军收缩至西安门内，亦无法组织反击。

↑ 1900 年八国联军侵华，一位英军士兵拍摄下北京皇城的陷落

皇城的城墙并非军事设施，它无法登临，仅是一圈高大的宫墙。这使得墙内的守军并不比墙外的侵略者占据更多的优势。义和团与清军并没有积极占据皇城墙墙体，这给了联军可乘之机：法军抵达西安门外之后，立即与日军配合，分别从城门南、北两侧登上墙头，居高临下地向门内工事里的守军形成火力压制。一位日军敢死队员趁乱翻进皇城，从内打开了西安门。与此同时，法军从皇城另一侧攻入，对西安门内的守军形成了包围之势。两队法军相向射击，流弹如雨，甚至险些造成误伤。在夹攻之下，皇城内的义和团和清军开始撤向"喇嘛庙"和"蓝庙"。

1860 年以来，皇城的内部结构早已被多国学者熟知。联军很清楚守军的去向，于是在西安门下架炮轰击这两处据点。北堂解围后，联军最终报复性地摧毁了这两处在皇城和北京城市史上具有重要地位的建筑群。其中，"喇嘛庙"即创建于康熙时期的弘仁寺，俗称"旃檀寺"；而"蓝庙"即北京皇城中规制最高、占地规模最大的皇家道场，因其天青色琉璃瓦圆殿而闻名的大光明殿。两座建筑群的浓烟凝滞在北京上空，久久不愿散去。

转移的明堂 　大光明殿与火有解不开的渊源。它消逝于火，诞生亦逢火。

嘉靖三十六年（1557）四月的一个傍晚，雷雨将歇未歇，北京城正笼罩在一片清新的潮雾中。忽然间一个炸雷响彻天空。过了不到半个时辰，雨气渐收，紫禁城中却飘出了浓烟。霎时间，火光已从奉天、华盖、谨身三大殿的方向腾起。此时嘉靖皇帝早已不在紫禁城中居住，而是长期斋居西苑，与大内隔着宽阔的太液池。然而，三大殿即便多年不用，也是国家的象征，皇帝丝毫不能有隔岸观火的从容。只不过殿堂高大，火势四下延烧，难以扑救。直到第二天白天，明火才渐渐熄灭，此时不仅三殿已成断壁残垣，廊庑门阙也延烧殆尽，甚至紫禁城正门午门也没能幸免。

《明世宗实录》记载，世宗嘉靖皇帝闻变大为惊惧。天人感应，皇帝的失德必然是上天降罪的直接原因。然而，皇帝到底是否如记载的那样惊恐，却颇为可疑。火灾之夜，嘉靖皇帝想到他时常翻阅的《永乐大典》还收藏在三大殿东庑文楼中，"命左右趣登文楼，出《大典》"（《明世宗实录》卷五百十二），一夜之间催促了三四次，确保《永乐大典》被安全救出。从他的冷静反应来看，至少没有惊慌失措。而且嘉靖皇帝对于天人互动的理解不仅仅在于灾祥。等他几天后定了神，在下诏罪己的同时，又分外冷静地辩解道：上天明鉴，朕因为天气干旱而到北海北岸的雷霆洪应之殿躬亲祈雨。祈祷有效，却不承想"方喜灵雨之垂，随有雷火之烈。正朝三殿一时烬焉，延及门廊倏刻燃矣"（《明世宗实录》卷四百四十六）。这段检讨，比起单纯信奉"天人感应"，倒是更有一点技术性复盘的意味了。

在嘉靖皇帝为自己赋予的道教身份中，有"统雷"的法力。而雷霆洪应之殿的醮典也的确往往以雨雪雷电等天气现象为主体。从嘉靖皇帝的解释来看，他也许把三大殿遭焚归结为自己"统雷"实践的技术性失误。毕竟祈雨是祀典，而统雷则近乎道术，两者未必次次都能准确配合。故而，失误虽然代价巨大，但圣意仍是好心。朝议上的一场潜在的吊民伐罪，就这样被嘉靖皇帝轻轻化解了。

正朝三大殿被毁后，性情严格的嘉靖皇帝立刻组织工役，亲自制订工程方案，采木重修，工程非常紧急。而到了当年十一月，当良材大木云集北京，重修前朝的上谕刚刚下达，紫禁城中各处门庑陆续兴工、新的三大殿还尚未有着落的时候，就在皇城西安门内大道路南，嘉靖皇帝斋居的万寿宫西侧，一座高高坐落在双层汉白玉台基上的重檐圆殿却已经悄然建成了。这座圆殿被命名为大光明殿，殿中供奉有玉皇大帝的七宝云龙牌位。大光明殿建筑群紧邻西内万寿宫的西侧，拥有几乎和后者相同的进深，可知当年嘉靖皇帝对它的定位极高，将它塑造成一处与自己的斋居离宫等级相仿的建筑群，西苑的道坛之冠。大光明殿甫一建成，嘉靖皇帝便计划举办"景命修报"醮典，即为皇帝本人祈求福祚绵长。嘉靖皇帝对此事极为重视，特意要求各部门不得懈怠。这座恰逢紫禁城三大殿受灾时建成的皇家秘殿建筑群，从此在西安门内矗立了三百四十三年之久。

史料中没有记载大光明殿的工役引发了朝野上下的什么争论。这固然是因为此时臣子们早已对西苑的穷极土木见怪不怪，但也说明这处西苑深处的建筑群被嘉靖皇帝很好地"隐匿"了起来，否则难以想象在朝野上下焦头烂额，专心于三殿大工的时候，皇帝竟然可以分心于西苑中常人无法涉足的秘殿工程。

嘉靖皇帝对道教的笃诚与迷恋已为世人熟知，但他自我作古、创制礼法的热忱以及对北京的国家祀典场所的贡献亦相当大。同一种礼制传统，往往在他的精心论证下形成两种并行仪轨，一种以国家祀典为载体，另一种则隐藏在深宫之中，转写为不入正史的斋醮祈祝。

大光明殿在皇城的兴造有着特殊的历史机遇。嘉靖皇帝斋居西内万寿宫之后，不再回到紫禁城居住，转而开始对西苑进行改造，使其逐渐成为一处山水道境。西苑中的各处道教建筑群被嘉靖皇帝称作"帝坛"，它们不仅满足了皇帝躬亲斋醮、创作道教仪典的需求，还承载了国家祀典的某种"皇家私有"的变体。从此之后，嘉靖皇帝便不再亲临他之前精心创立的天坛、地坛、日

↑ 1879 年的大光明殿前殿院落，拍摄者站在清代改建的玉宫门下北望（黎芳摄，康奈尔大学图书馆藏）　　↓ 1879 年的天元阁（黎芳摄，康奈尔大学图书馆藏）

坛、月坛等郊坛，而是把所有这些儒家仪典都内化到了他的西苑道境之中，并赋予它们以某种儒道结合的新内涵。在大光明殿之前，社稷祭祀、将皇帝生父与皇天上帝一同祭祀的大享礼、祈雨的雩祭、供奉祖先影像的神御祭祀等多种祀典，均已经被嘉靖皇帝改换名目，挪入西苑，呈现为帝社稷、大高玄殿、雷霆洪应之殿等建置。而作为祭天祀典的一种变体，主祀玉皇大帝的大光明殿最终成为西苑帝坛中规模最大的一处，是南郊天坛在皇城中的对应建置，是仿写的明堂。

早在嘉靖六年（1527），醉心于制礼作乐的嘉靖皇帝就对"明堂"这一传奇营构生发了兴趣，并因此而与阁臣杨一清有过一段对话：

上问辅臣曰："昨闻讲《大学衍义》中论汉明帝三雍，解曰：一曰明堂，二曰灵台，三曰辟雍。朕观历代皆有明堂，未审我祖宗朝，即明堂否也？"大学士杨一清曰……臣窃谓明堂即今之奉天殿也，灵台即今之司天台也，辟雍即今之国学也。我朝享祀施政，望气养士皆有成法，卓冠古今，规模宏远也。（《明世宗实录》卷七十六）

明堂之议在许多朝代都发生过，围绕这一名义而产生的理论与建设方案远多于真正得以实现的建筑作品，很可能是中国官方营造史上最接近建筑竞赛图景的创作母题。尽管官修实录把杨一清的回答转述得有据而冷静，但字里行间依旧能感受到这位老臣的紧张：如果任由嘉靖皇帝对明堂的兴趣持续深入下去，很可能

157

将会演变为一场重大的工役，乃至彻底变更国家礼制的核心部分。于是杨一清举一反三，将"三雍"的概念统统对应到既有建置上，以杜绝嘉靖皇帝的建筑创想。他就像一位阻拦孩子购置新玩具的家长，任性的小朋友刚想开口，他就有理有据地堵住了他的嘴："你说的这些东西咱家都已经有了，而且比别人家的都好呢。"

当然，杨一清终究没能以一句话而化解嘉靖皇帝的明堂情结。嘉靖皇帝很想要一座真正看起来像明堂的明堂，一座中心对称的集中式平面建筑。于是他先设计了天坛大享殿（今日祈年殿的前身），随后又在皇城中营造它的副本。大光明殿的建成是一个标志性的时间节点。至此，国家祀典里有的，醮典里都有了；皇城外有的，深宫里也都有了。我们再回看大光明殿的营建及其与紫禁城三大殿灾毁重建之间的时间重叠，就会意识到，嘉靖皇帝终究获得了他思慕已久的玩具，以奉天殿充当明堂的时代一去不复返了。

所以，尽管嘉靖皇帝始终在积极指挥紫禁城三大殿的重修，但深居西苑的他其实早已对紫禁城失去了感情，他也并无意愿在工程结束后回到大内，真正去使用重修的三大殿。很可能正是出于这个原因，他很早就开始考虑降低三大殿的建设标准。然而，三大殿灾毁又给大光明殿带来了某种机遇。从明代皇家工程之间往往相互代办建材、大工程提携小工程的惯常做法来看，紫禁城外朝重建与大光明殿这两个同时并行的工程之间显然存在直接的互动。尽管没有文献明确记载，但我们可以推测，大光明殿的工役使用了为修复紫禁城而组织的人力、征集的建材。"老明堂"就这样把自己的一部分让渡给了"新明堂"。

↑ 大光明殿前殿院落东南角的宣恩亭，在清代被作为钟
楼（保罗·尚皮翁摄，巴黎奥赛博物馆藏）

从隐藏、混淆到遗忘 狭义上的大光明殿仅仅是这组建筑群的
中心建筑。它被完整地表现在康熙早期
的《皇城宫殿衙署图》与乾隆十五年（1750）绘制的《乾隆京城
全图》上，这让我们可以清晰地观察到其原有规模。

↑ 康熙《皇城宫殿衙署图》中的大光明殿（左）；《乾
隆京城全图》中的大光明殿（中）；1901年德军绘制《北
京全图》中的大光明殿（右）

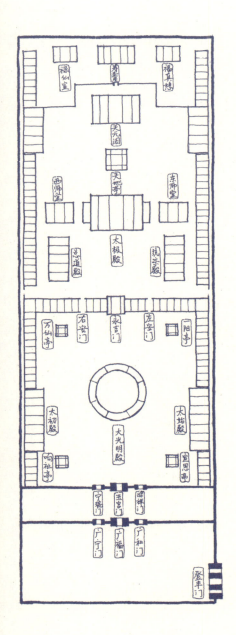

整座大光明殿的院落极为宽广，尤其是它的前殿廊院近乎正方形，这使得它大略复制了祈年殿位于祈谷坛坛埠中央的空阔感。前殿廊院的四个角各设置一座高台亭榭，与居中的重檐圆殿形成一组明显的坛城格局，这是明代皇家道场中的孤例。其后殿称"太极殿"，后阁称"天元阁"，则采用了较常见于一般道教建筑群的前殿三清，后阁通明的模式。这是一种在嘉靖一朝的西苑各道坛中比较典型的设计手法，即以经过特别设计的建筑群前殿昭示其主题内涵，而将传统的道观模式转化在后，并淡化其宗教设施的观感。例如不设山门，不设常规的钟鼓楼，前殿之前亦无砖木结构殿门，将建筑群的前导空间压缩至最小。这些做法其实是在规避明代皇城范围内的寺观禁约，因为当时在皇家领域兴建狭义上的宗教设施是违背宫禁传统的，将会引发秉承儒家"敬鬼神而远之"原则的士大夫群体的强烈反对。

↑ 据文献复原的明嘉靖时期大光明殿平面图（笔者绘）

有趣的是，当清代皇城对外开放，其寺观禁约消失之后，清人最终着手以传统寺庙的模式对明代遗存的道场进行全面的改造。如添加山门、设置钟鼓楼和砖木结构的前殿殿门，并将主题性的道场扩容为神仙体系更为完整的综合性宗教设施——大高玄殿、雷霆洪应之殿、番经厂、汉经厂等明代建筑群均经过了这类改造，道场最终变成了由制度化团队运作的宫观寺院。

　　由于深藏在皇城之中，大光明殿在史册中留下的痕迹不多，与朝天宫类似，也是一处巨构峥嵘、却仅传世寥寥数笔的建筑群。

　　1860 年第二次鸦片战争之后，始建于清康熙时期的蚕池口天主堂用地在《北京条约》的规定下被恢复宗教功能，形成了历史上第二版北堂，这使得皇城西部继康雍乾时代之后再次出现了一处活跃的西方人士活动中心。蚕池口天主堂非常迫近大光明殿，其高大的哥特式钟楼可以俯瞰皇城西部全景，这让大清皇室感到不安，并最终自行出资将其挪往西什库。

　　正是它在西苑的活跃，使得历史悠久的大光明殿在其生命的最后四十年突然在西方文献中获得了一定的知名度。不止一位作者以西方人的语汇描述过这组建筑，但最为有趣的，是当西方作者在游记中回忆他们的观察时，往往将大光明殿前殿与天坛祈年殿相对比或混淆。这在法国公使夫人德·布尔布隆（Mme De Bourboulon）的游记中体现得最为明显。当行文描述天坛祈年殿时，其配图却是大光明殿，而描述文字也明显更接近对于大光明殿的描述。

　　然而，我们实在没有理由苛责近代西方作者记错了地点，因为这两座建筑被相互比照乃至混为一谈，实际上是一个相当悠久

↑ 1866 年的大光明殿前殿（保罗·尚皮翁拍摄，巴黎
奥赛博物馆藏），这张照片被制作成铜版画后在欧洲刊
行，是关于这座建筑的知名度最高的影像之一

的历史现象。在高士奇写作于康熙时期的《金鳌退食笔记》中，径直描绘"圆殿高数十尺，制如圜丘，题曰大光明殿"（圜丘并无殿宇，高士奇此处所称之圜丘，即指祈谷坛祈年殿），即将其规制与天坛相等同；而朝鲜作家朴趾源（1737—1805）在其《热河日记》"大光明殿"条中，则称"有三檐十二面圆殿"，他的这一"三檐"的印象，显然也是与祈年殿的规制相混淆。

如此多的记载均将大光明殿与祈年殿并称乃至混为一谈，当然是有其内在原因的。玉皇大帝是"天"的一种人格化表现形式，

↑ 1860 年的天坛祈年殿（菲利斯·比托拍摄，纽约现代艺术博物馆藏），这张照片同样以铜版画的形式在欧洲流传。有趣的是，在布尔布隆夫人的游记中，大光明殿被标注为天坛，而祈年殿则被标注为先农坛

↑ 2024 年的天坛祈年殿（白笛摄）

只不过祭天是国家祀典，而祭祀玉皇大帝则是皇家私下实践的道教仪轨。故而大光明殿所采用的形制恰如一座略小的祈年殿，只少一重檐，少一层台基，其瓦色亦是天青色。

三百余年的岁月过得很快，皇城的幽深逐渐被消解，而嘉靖皇帝的秘殿深阁也终有一天暴露在了历史的暴虐之下。大光明殿的建筑格局最后一次出现在地图上，是 1901 年由德军绘制的中德双语《北京全图》。彼时大光明殿已经是一片焦土，但这份地图依然通过详实的测绘展现了其平面格局。大光明殿的高大基址在八国联军的炮火之后独存了若干年，终于在民国时期被铲平，覆盖以新的行政建筑。这些建筑又多次更新，昔日的大光明殿仅有一个矩形的边界仍然留在原地，标识着当年的皇家道场。2011年以前，还能看到一段大光明殿曾经的围墙。不知那些曾经浸满了嘉靖皇帝的御炉烟的老砖，如今是否还留存于世？

今天，当我们站在西安门内大街上举目四望，西安门和皇城墙已经从我们的视野中消失，只剩下公交车站牌上"西安门"三个方块字。然而，这并不能抑制住我们悠远的遐思：如果西什库教堂、大光明殿与弘仁寺均能存世，北海大桥之西这三处胜地的鼎足而立将会是北京皇城中一幅奇妙的画卷。

历史的狂涛巨浪从来不会沿着平直理性的渠道前行。两个甲子之后，依然挺立的西什库教堂，一定还记得那个庚子夏日的千钧一发；而西安门内大街的车水马龙，早已忘却了街对面曾经的斋醮香火、宝幡飞扬。1900 年的烈焰中，"蓝庙"大光明殿那无言的创巨痛深，又将何时才能愈合呢？

↑ 2008 年的大光明殿西墙遗存，行人经过处为原惜
薪胡同（笔者摄）

根据典籍描述，"明堂"是一座中心对称的建筑，四面看起来是一样的。它的四面房间有着不同的用途与传奇般优美的名字，台基高度与房间面积都要遵守一系列数据。除此之外，谁也不知道"明堂"到底应该盖成什么样子。可越是这样，大家对它的兴趣就越浓。杨一清或许暂时成功地让世宗没了话说，但是世宗绝没有就此死心。在嘉靖皇帝日后营造不休的坛庙改革历程中，他曾多次试图对古代典籍中记载的明堂建筑形式进行新的阐发，并创造了一系列衍生作品。而大光明殿正是这个谱系中的一员。

之所以把嘉靖皇帝的明堂作品集称作"阐发"，是因为这些作品绝大多数都并没有真的以明堂的名义建造，而是或多或少地转译了上古文献中明堂的特征，而建筑性质也各不相同。在这个意义上，尽管明代没有存在过直接以"明堂"二字为名的单体建筑，但经过世宗的努力，可以算是实现了某种"群体式"的明堂。

从单体设计来看，嘉靖皇帝的阐发性明堂作品大致可以分为两个类型。

一类是下方上圆型，来自最经典的明堂想象。

得到详细记载的唐代总章明堂方案与实际建成的、很可能是历史上存在过规模最大的明堂——洛阳武周明堂，都采用了下方上圆的基本构型。在嘉靖朝作品中，大高玄殿的后阁乾元阁（明代称"无上阁"）是现存最经典的案例，上下两层，

城 市 密 码 考 证

天 子 坐 明 堂

↑ 从左至右：大高玄殿无上阁（乾元阁）、御花园万春亭千秋亭、钦天阁追先阁推测造型、天地亭推测造型（笔者绘）

方圆之间以平座过渡。而紫禁城御花园中的万春亭与千秋亭则采取了更为繁复的造型，四向各出抱厦，形成曼荼罗式的平面，向上以抹角梁托举圆形的重檐。而另一些则已灭失于历史的云烟中。如皇城东南角南内区域的两座碑阁钦天阁与追先阁，亦是"圆盖螭捧，方趾龟扶"（廖道南《玄素词垣集》卷一），虽然仅留下寥寥数笔，也可知其下方上圆的重檐造型；而西苑万法宝殿、万寿宫、大光明殿后殿太极殿等多处则设置有名为"天地亭"的建筑（《金箓御典文集》）。仅从其名称来看，应该也是此类形态。

另一类即是纯粹的圆殿形式。虽然这种形式可以发挥的余地较小，但它依然可以根据周围附属建筑的不同而形成效果各异的空间设计。

这一类的代表作品是直接附会上古明堂"以父配天"大享礼的天坛大享殿，即今天天坛祈年殿的前身，这也是嘉靖时期唯一一处在论证与设计阶段就明确点出"明堂"意象的建设项目。它的三重檐形态达到了圆殿规制的极致，而远远大于殿身占地规模的台基则附会了坛殿结合的意象。处于同一轴线上的泰神殿（今皇穹宇）作为储存神版的殿宇，体量较小，则采取了重檐圆攒尖的模式（清乾隆时期改为单檐），配合以高耸的台基，与圆形的院落形成互动。到了嘉靖后期，世宗绝不视朝，更遑论出郊亲祀。事实上，三重檐大享殿建成之后，世宗从未亲临。他的兴趣点早已转向将各种国家祀典异化到皇城深处。大光明殿作为祭天礼仪的道教版本载体，它的重檐重台形象显然是在比附大享殿的同时做出逊避的结果。仅就殿身占地规模而言，大光明殿并没有较大享

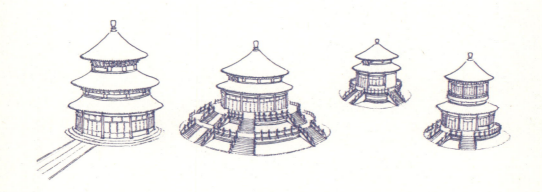

↑ 从左至右：天坛大享殿（祈年殿）、大光明殿、泰神殿（皇穹宇）、圆明阁推测造型（笔者绘）

殿小太多。除此之外，西苑中还有一处圆明阁，其具体形制史料没有记载。但仅从其额名和斋醮主题来看，较大可能是将一处上下层皆为圆形的楼阁作为主体建筑。

我们无从得知，当所有这些有着明堂意味的殿阁实现之后，嘉靖皇帝的明堂情结是否稍稍得到满足。大光明殿很可能是他的终极明堂之作，随着大光明殿的实现，他似乎终于回归了现实。就在大光明殿完工前夕，紫禁城三殿重修开工，嘉靖皇帝简短地谕称"皇天下眷，朕躬作新明堂而治"（《明世宗实录》卷四百五十二），

粗看起来，他似乎放弃了所有那些礼制狂想，又明确将三殿比附为明堂。杨一清泉下有知，恐怕要感动到落下泪来。只不过，三大殿鼎新之后，嘉靖皇帝仍然一次都没有使用过。我们如果重新审视他的谕旨，便会发现他声称的"躬作新明堂而治"另有深意，似乎虚晃一枪，早已把明堂抽换到他的西苑去了。

无论如何，嘉靖皇帝的明堂终究不在大内，甚至也并不真的是一座建筑，它定是坐落在他执着而孤独的内心，群臣无法触及。

残影

光绪时期重修以来奠定的今日颐和园万寿山排云　　　　　乾隆时期的清漪园万寿山大报恩延寿寺与昆明湖
殿与昆明湖

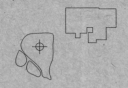

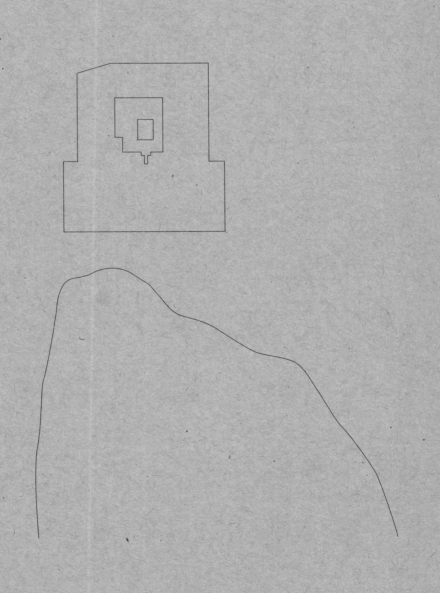

清漪园的凌波御风与功败垂成

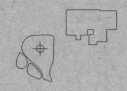

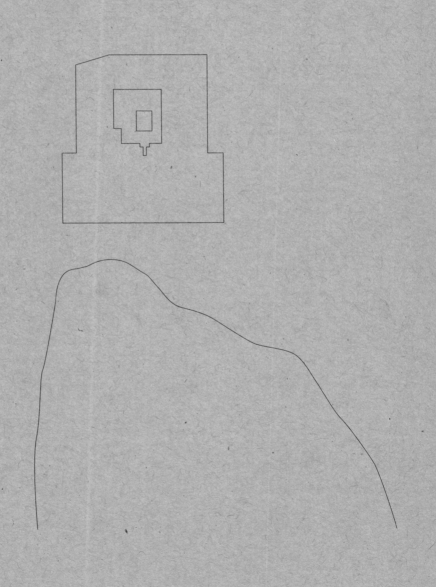

一个自信到极致的人，很少会像这样纠结懊恼。清高宗乾隆皇帝一生都没有经历过几个这样的时刻，此时，他正站在圆明园的深处，向西南方向眺望刺出万寿山巅的巨塔。他的脑门上冒出了一层薄薄的汗：内大臣三和刚刚向他报告，大报恩延寿寺的九层延寿塔在施工到第八层时出现了难以挽回的工程失误。史料没有记载到底是哪里出了问题，但很可能是这座塔前突于万寿山山体的塔基难以承受塔身的重量而发生了沉降，导致整座塔的砖芯核心筒纵向开裂错位。这是完全无法补救的局面，摆在高宗面前的选择其实只有一个。但这必然让许多原本的计划都被打乱，再给后世留下一个不光彩的典故。对于这位凡事追求完美的天子而言，这是一辈子难以释怀的遗憾。

　　不久，功败于垂成之际的延寿巨塔被整体拆除。几年之后，在原址上取代它俯瞰昆明湖水镜的，是一座轻盈得多的高阁，额名"佛香阁"。

治水与孝道　　当我们在一个天朗气清的午后走近昆明湖的波光，我们其实是同时身处两座园林。这两座园林在空间上相重合，在时间上相接续，可是它们却是截然不同的作品，是两种时代精神的产物。

　　这两座园林，一座疏阔无边，另一座苑墙周回；一座行舟走马，开襟骋怀，另一座高堂广殿，静坐斋居；一座如银汉般浩渺，另一座如居室般现实；一座营造于鲜花着锦的极盛之世，另一座兴复于将醒未醒的变局关头；一座已经半隐在历史的迷雾中，另一座如今游人满山，从东邻圆明园那里继承了"夏宫"的盛名。

这两座园林，一座是清漪园，另一座是颐和园。

清漪园是从乾隆皇帝汪洋恣意的营造志趣中溢出的一泓新天地。"三山五园"固然以圆明园为首，但实际上，当他从父亲手中继承天下的时候，狭义上的圆明园已经相当完善，它的中心部分已经布局了

后来著名的"圆明园四十景"中的一大部分。登基之后，乾隆皇帝迫不及待地在圆明园实现了几组代表他的审美与礼制观念的建筑群。然而，受制于圆明园已经基本充盈的布局，乾隆皇帝的这些创造大部分只能安插在园子的角落里，或依托已有建筑群改造而成，无法获得完整的展示面。在那时，这位成长中的造园人预想到自己一生将要实现的山水楼台境界，一定已经感受到了某种难以言说的束手束脚。

↑ 清代弘旿《都畿水利图》（中国国家博物馆藏）因表现了清中期的清漪园而为人所熟知。这幅画将包括昆明湖在内的西郊水系表现为北京地区水系网络的源头，体现了当时人们对于西郊园林环境价值的认识

↓ 西德尼·戴维·甘博镜头下的西郊水田（杜克大学藏）。昆明湖周边的水田一直存在到 20 世纪末叶。清中期对西郊水利的治理使得这些水田得以持续产出著名的京西稻。近年经过环境治理，京西稻重新开始在颐和园以西的郊野公园中象征性种植

乾隆十四年（1749），乾隆皇帝开始对北京西北郊的河渠水系进行全面的整理。作为一个乐于考古的天子，他对史册中记载的元代郭守敬规划的京畿水利系统大感兴趣。当年元大都西郊精妙的引水设施至清代已经趋于湮废，这对于方方面面都意图超迈千古的乾隆皇帝来说是难以忍受的。于是他主持了一场浩大的理水工程，将西山各处泉水与径流都汇总到瓮山泊来，让这处西郊最大的天然水面成为调节池，作为整个京城水系的充沛源头。

　　治水从来都是圣王的功德，乾隆皇帝很清楚这将成为他垂于后世的个人形象的一部分。但他对于瓮山泊的期待还不止于此。有仁还要有孝，乾隆十五年（1750），乾隆皇帝生母崇庆皇太后即将迎来六十寿辰前后的一系列庆典，他看中了这片金元以来就受到吟咏的京畿山水，要为母后献上一份大礼。乾隆皇帝将瓮山改为万寿山，他对瓮山泊的治理让水面的重心东移到万寿山正南，而山体南麓直直俯瞰湖水的核心位置，将建造起一座"大报恩延寿寺"——这种五个字的双重动宾结构寺名是元代皇家敕建寺院的典型命名模式，在元代瓮山泊北岸的大承天护圣寺，就是元文宗为祭祀太皇太后而建的，对此乾隆皇帝心知肚明。依托山体，

↑ 作为今日排云殿建筑群的前身，大报恩延寿寺更多体现了乾隆朝宗教建筑的绚丽与多变。这些曼妙的色彩与形体通过《崇庆皇太后万寿庆典图·嵩呼介景》传达给了我们

177

在山水之间兴建巨刹，比附元代故事，寺址的雄壮又远胜无山可依的大承天护圣寺。最重要的是，"祭而丰不如养之厚"，乾隆皇帝孝养母后，其传世美谈又非元文宗可比。

贴地飞行的冲动　　治理完成的瓮山泊获得了"昆明湖"的赐名。

随着平湖巨浸的烟波充沛和巨刹的选址落位，乾隆皇帝的造园冲动渐渐无法按捺了。在技痒的躁动下，他或许后悔曾经在《圆明园后记》里说过大话，称赞圆明园"实天宝地灵之区，帝王豫游之地，无以逾此。后世子孙必不舍此而重费民力，以创建苑囿，斯则深契朕法皇考勤俭之心以为心矣"。谁承想后世子孙尚未继承金瓯、有机会践行他的告诫，乾隆皇帝自己先要食言。然而，造园匠意已经箭在弦上，顾不得许多，在崇庆皇太后万寿庆典之后的十年里，清漪园的主体部分陆续完备，一片山水转眼间已经成为楼台画卷。

圆明园与清漪园同为清代大型皇家园林，却是两种截然不同的作品。圆明园是集锦式平地园的极致之作，它是雍正皇帝以来多代帝王接续经营的成果，像一个巨大的迷宫，各个主题景观约以方圆 200 米为尺度，水平铺展，相互之间以障景手法为主，借景手法为辅，不易见其全局（左）。清漪园尽管也体现出集锦式园林的特点，但它主要由乾隆皇帝一人擘画，改造自然山水而形成主体框架，呈现大疏大密的整体格局。主要建筑景观之间距离较远，以一系列高点相互眺望而形成互动，烘托主体建筑的核心地位，其整体形象容易感知。所以尽管圆明园拥有更多的建筑面积，但往往敛藏于内；而清漪园有着巨大的留白，但却呈现出更宏阔的画面。↓

与圆明园迷宫般的平面铺陈相比，清漪园的造园基底多样而立体：山地、平地和水域的交错让一种大疏大密的建筑格局得以实现——圆明园几乎没有视点可以将全局收入眼底，它的众多点景建筑群就像一盒挤在一起的巧克力，要通过相互区隔、屏障来实现"永远不知道下一颗是什么味道"的空间体验，而清漪园则恰好相反，它的浩渺尺度与山水间的高差让各个建筑群各领一区，要像灯塔

178

一样在天际线上相互召唤。乾隆皇帝擅长的高楼巨阁在这样的格局里发挥了关键的作用：在当时的清漪园，三重檐的高阁就有文昌阁、昙花阁、望蟾阁、山色湖光共一楼、治镜阁、香岩宗印之阁、构虚轩七座之多，一般的楼阁则更多，与圆明园大异其趣。乾隆皇帝日后所谓"一如圆明园旧制"的说辞，恐怕连他自己也不会相信。

随着清漪园的兴建，"三山五园"从海淀镇一直绵延到西山，巨大的尺度超越了以任何方式一日周游的可能性。假如当时有人向乾隆皇帝推荐铁路与汽船作为玩物，他或许会很乐意尝鲜。这是一位习惯在行舟走马间赏玩山水的皇帝，甚至如果有机会借助

↑ 菲利斯·比托镜头下的清漪园文昌阁，拍摄于被毁灭前的一刻。繁复而绮丽的身姿，是那座奇瑰旧园的最后剪影

179

某种技术手段贴地飞行，他也一定不会抗拒。乾隆皇帝的空间作品往往不是极宏大就是极细小，肆意地在空间转换之间生发出新奇的境界来。因为这些建筑都不是静坐在里面赏玩的，而是为了在一幅巨大的画面里，一瞥之间有所感受。圆明园的斋馆早已饱和，远超整个皇家所需的起居空间在大地上绵延不绝，就像散点透视下可以无限延伸的楼台界画一样。而清漪园则打破了这种匀质，赋予了"三山五园"一个空灵的核心。

清漪园里有极宏大的建筑群，如西堤以西的治镜阁，在湖心岛上建立起两重圆城，四门、四亭、四牌坊，一齐托举着最高处圆心上的三层高阁，形成一个立体坛城，是昆明湖与玉泉山之间抬头即见的标志物，繁复而色彩艳丽的琉璃屋面俯瞰一片静谧的京西水田，在清晨的薄雾中宛如天外星槎降临。清漪园中也有极小巧的结构，如万寿山北麓赅春园紧贴山壁的清可轩与留云，仅是悬崖上的几处不起眼的小小屋檐，甚至不是完整的殿堂，但却容纳了石壁上星罗棋布的御制诗文题刻。清漪园中更有穷极想象的异构，如万寿山东次峰上的昙花阁，平面呈六芒星形，是官式建筑中不曾有过的形态，想必当时费了营造者们一番心思。

然而，清漪园又不仅仅是一座狭义的园囿。它的大部分面积并没有园墙环绕，而是靠堤坝、河道和山形水系实现了自然的区隔。假如我们只把园墙

↑ 从北宫门第一次入园的游人会迎头遇到扑面而来的四大部洲建筑群。这组精微的佛教宇宙模型知名度不高，与它在全园的地位颇不相符（笔者摄）

环绕的部分看作一座园林的规模，那么清漪园就仅仅是万寿山山体外加东宫门内正衙区域的尺度，远远小于圆明园。而烟波浩渺的昆明湖、西堤、湖上的三座仙山以及西堤、东堤，都是园囿与自然化育之间的过渡。清漪园又是一处经过精心构想的信仰节点：万寿山南麓的大报恩延寿寺象征着汉传佛教与皇家福祚的终极结合；而在万寿山北麓，乾隆皇帝又按照藏传佛教的世界观兴建起了浩大的须弥灵境——在象征四大部洲、日月和密宗诸神的殿宇拱卫之下，它的正殿规模之宏巨，在清代官式营造中仅次于紫禁城太和殿。整组建筑坐南朝北，在万寿山的阴影中遥对北地，展现国家对蒙藏地区的怀柔。万寿山就这样成为大清信仰版图的重心。

自满福召祸 乾隆十六年（1751），乾隆皇帝首次南巡。在南巡的旅途中，他见到了南京的大报恩寺塔、杭州的雷峰塔和六和塔。江南的三座高塔在城市地景间矗立，已经成为山水画意的一部分，给乾隆皇帝留下了极为深刻的印象。在大报恩延寿寺的规划中，殿堂依山势层层升高，在接近山脊之处，将以前突于山体的高台承载一座九层延寿塔。此次南巡之后，乾隆皇帝确定延寿塔的设计即仿照钱塘江畔的六和塔。然而，乾隆皇帝对于这座巨塔的构想又不仅仅在于为母亲祝厘。立志于移天缩地经营帝乡的他，意图在京师和热河仿

↓ 万寿山北麓的须弥灵境大殿，面阔九间、进深六间的
重檐巨构，其基址本身就像一个广场（笔者摄）

江南意味也兴建三座高塔，让直隶在人文内涵上不输给江南。当这座高塔建成后，它将在清漪园的高阁环绕下遗世独立，它高耸的体型将成为整个西郊的景观焦点，而它与不远处玉泉山巅的玉峰塔相对峙立，也将让京师像杭州一样拥有一个"双峰插云"的经典景观。

我们于是可以想象，当这座位于清漪园众星捧月收官位置上的高塔出现工程上的重大失误，高宗在一瞬间都想到了些什么。

首先，他早已在几年前勒石刻碑的《御制万寿山大报恩延寿寺碑记》里预先夸下海口，称"殿宇千楹，浮屠九级"，甚至以诗笔做了超前的想象，描绘"后有舍利塔，直上凌虚空。高悬金露盘，去地百余丈"，宛如一幅充斥着自信的渲染图。而此时大报恩延寿寺的九级浮屠将不得不取消，碑记不免流于不实，成为后世议论的话题。

其次，这也意味着他为帝乡构想的三座高塔计划遭遇重大的挫折——而且就在清漪园高塔出现失误之后不久，仿照南京大报恩寺琉璃塔的北海西天梵境琉璃塔也在施工中遭遇火灾，已经盖造的四层塔身被火焚毁。接连的挫折让乾隆皇帝开始意识到，他在物质上追求完美丰冗的习惯可能与天道有违。他为此一反常态，做出了谦恭的姿态，反思道："此非九仞亏，天意明示我""无逸否转泰，自满福召祸"。这里的"自满"，并不仅仅是骄傲自满，更是一种希图事事完满、追求超迈千古的过分执着。

当然，最现实的担忧，还是原本希望低调竣工的清漪园一下子成为舆论的焦点。巨塔建而复拆，花费已然不赀，而拆塔后补建佛香阁，全园工期更是会因此而拖延。一向自信的乾隆皇帝对

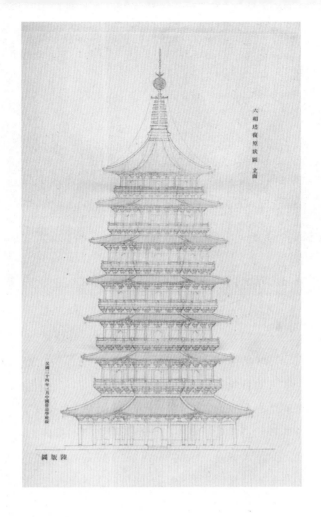

于清漪园的营建有着难言的心虚，他在严重迟到的《御制万寿山清漪园记》中长篇大论地进行自我剖白，开篇即言"有所难于措辞"，然后少见地支支吾吾，辩解自己是因为治水而不小心创造出了一片胜概，而胜概既具，又怎么能忍心让它少了亭台楼阁的点缀呢？这才酿成了一番"君子之过"。等到回过神来，已经在祖业圆明园外营造了别的园林，打破了自己发过的誓言。清漪园是乾隆皇帝造园理念的尽情挥洒，可又是他最希望在营造内涵上

↑ 乾隆南巡时所见到的六和塔，并非如今重修于1900年的样貌。彼时的六和塔还基本保留着南宋时的规制，梁思成先生曾经对其进行复原（《杭州六和塔复原状计划》）。这是我们想象清漪园大报恩延寿寺塔原初设计的首要参考

低调处理的一处园林。拆塔建阁的横生枝节，就像是一个少年想要藏起自己写好的情笺，却又手忙脚乱地弄碎了书架上的花瓶，引来了全家人的目光。

　　或许就是这个原因，让乾隆皇帝对佛香阁几乎绝口不提。它是延寿巨塔梦幻消亡后的补丁，一个无可奈何的替代品，想起它就让人脸红，让人尴尬。可是不巧，它却总是高悬在西郊的天际线，那个原本为巨塔预留的位置上。几乎没有清代官方作品表现清漪园的佛香阁矗立在星辰般的楼厦之间，这让乾隆朝这处著名建筑作品的形制扑朔迷离。直到近年，一幅以较高精度表现盛时清漪园景物的画作进入公众的视野，人们才发现，乾隆年间的佛香阁较今日多一重檐，形体更为玲珑纤长，依然在某种程度上比附了塔的意象。

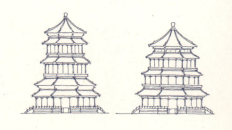

↑ 从同一视点表现清末颐和园全景的画作众多，但这幅清漪园图却以极为难得的写实笔触描摹了1860年劫难之前昆明湖畔杰阁峙立的园林景观

↓ 根据上图推测清漪园时期佛香阁（左）与今日颐和园佛香阁（右）的形体对比（笔者绘）

当延寿塔被佛香阁取代，宛如银河般仙气缥缈的清漪园也就开始了它命运的转折。乾隆皇帝心目中那个完美的世界渐渐让位于现实，而大清也从它天朝命运的拐点转折而下行。

为了维护自己已经支离破碎的诺言——在圆明园外不兴建新园囿，乾隆皇帝坚持仅仅在上午游览清漪园，在山前山后的寺庙拈香，从不会在此驻跸。他因此从来没有看到过夕佳楼的晚霞，也没有欣赏过望蟾阁的月色。

乾隆皇帝之后，清漪园终究没有像雍正时期圆明园取代畅春园地位那样，去取代圆明园的角色。它浩大的格局难于维护，它高耸星布的楼阁未能在工法上尽善尽美，而大清的国运已经日益颓唐，乾隆皇帝那样的气度与自信再没有重现于后世子孙的身上。嘉庆末年，望蟾阁率先被拆除。道光年间，"三山五园"陈设全面收缩，皇家活动回归圆明园，清漪园的衰败进一步加速。凤凰墩上的会波楼被拆除，著名的长廊也在此时被拆，万寿山北麓的三层敞轩构虚轩失火烧毁，香岩宗印之阁大梁失修摧折，压伤阁中大佛。乾隆皇帝经营的仙境沙盘逐渐不复旧观。

咸丰十年（1860）秋季，这场漫长的衰败急转直下。英法联军攻陷京师，劫掠京郊，"三山五园"先后罹难。与迷宫般绵延的圆明园相比，殿阁攒聚、从远处历历可见的清漪园在侵略者的

↑ 万寿山北麓绮望轩遗址的镂空花墙，如后山众多在清末颐和园工程中被放弃的清漪园基址一样，并未得到修复（笔者摄）

185

针对性焚烧之下所遭受到的破坏几乎更为惨烈。然而，圆明园的毁灭震惊中外，清漪园的劫火直到今日却依然在公众的认知中闷烧，尚未被认得明白。

交换命运而重生　　清漪园从此开始向另一座园林过渡。这座新园林并非平地兴起：穆宗同治皇帝即位后，曾经试图兴复圆明园的部分建筑以奉养两宫太后。然而，浩大的工程量与舆论的压力让这场兴复半途而废，梁柱立而又撤。德宗光绪皇帝在位期间，慈禧皇太后再次试图兴复圆明园，却依然在重重困难与质疑之下未能实现。此时，清漪园废址因为其山水形胜的优势以及在公众认知中的边缘地位而被选定为新的造园计划的替代选址。

这座新园林便是颐和园。

从清漪园到颐和园，前后相隔了一百多年。就在这一百多年间，大清皇室对于"燕游"的概念已经发生了很大变化。乾隆皇帝的好动与他在王土上巡游的乐趣并没有被他的子孙们继承，从仁宗嘉庆皇帝开始，皇家园林中那些玲珑的小景致与向天绽放的楼阁开始被高堂广院取代，这些宽大的屋宇从外面看起来平平无奇，真正的匠心都蕴藏在内部，通过进深的加大实现蜿蜒曲折、用料考究的内部装修。而天子便就此把他的世界内化到了居室之中，舍弃了对外界的好奇与想象，只是端坐在这些大屋里，隔空享受一种虚幻的安稳。

从光绪十年（1884）起，颐和园也用了十年的时间渐次成形。当颐和园在清漪园的废墟上站起来的时候，乾隆时代那座大园的

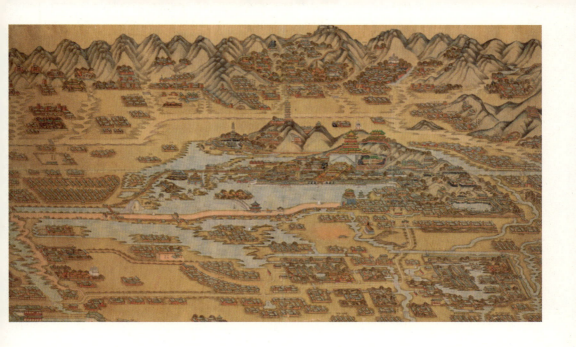

最后一抹仙气也就再一次被淡化了。它不再是乾隆皇帝在那些惠
风和畅的上午按捺住内心的羞赧匆匆看过的浩渺，而是太后带着
年轻的皇帝庆寿起居的日常。佛香阁倒是得到了修复，因为它是
统领整个万寿山前山与昆明湖的主景。但为了勉强拼凑起这座高
阁，在战火中部分幸存的治镜阁和景明楼等都被拆除以利用木料。
被重建的佛香阁如果有心，大概会茫然不知自己为何竟再次矗立
在昆明湖上。它曾经属于的大报恩延寿寺，这座"三山五园"最
重大的皇家寺庙已被直接除额，从建置中彻底抹去，它的基址被
改造成离宫模式的排云殿。变成居室的佛宇又不仅在大报恩延寿
寺一处：田字形的重檐罗汉堂变成了规整的清华轩，六芒星形的
异构昙花阁被改成了四平八稳的景福阁……而与此同时，另一些
建筑却变得更加显著：三层的德和园大戏楼在东宫门内傲然崛
起；宫门外的涵虚牌坊形制得到提升；园墙加长加高了；密集的
院落、公所和值房标志着皇家驻跸和国家行政、外交职能在"三

↑ 光绪十四年（1888）的《北京颐和园八旗兵营图》
明确将颐和园置于京师西郊的中心位置，这在清代中期
是不可能的。该图理想化地将圆明园等处都按照被劫掠
前的状态绘制，于粉饰中颇见勉强

187

山五园"区域的落位最后一次汇集到一座园囿的门前,銮驾、贵胄、各国公使夫人来来往往,见证着大清最后的岁月。

转眼又是一百多年过去,在春和景明的日子,昆明湖畔的长廊里熙熙攘攘。谙熟大园景物的老客们跟随着长廊的走向,但却远远地躲开热闹,去体会养云轩、邵窝和画中游的意境;更多游人则跟着导游高举的小旗,听着醇亲王奕譞挪用海军军费的故事。

仍然少有人知道,颐和园上空笼罩着一个若隐若现的故园魂魄。

入夜后,游人散去,颐和园和它的东邻圆明园或许会说起悄悄话来。在历史的隐秘角落,不知道岁月的哪个转弯处,清漪园与圆明园曾经交换了命运。圆明园在清末两次筹划,却至今未能修复,在英法联军之役中幸存的建筑又在四十年后被彻底毁灭。而乾隆皇帝曾经不敢驻跸的清漪园却改头换面,一变而成为中外游人心目中的"新夏宫"。假如反过来,在光绪朝得到部分兴复的是圆明园,而清漪园依旧是废址,佛香阁成为缥缈的传说,万寿山顶只有一座光秃秃的高台,今天"三山五园"的故事又该怎么讲呢?

来自太行山脉的风绕过万寿山,流泻到昆明湖的水面上,吹得佛香阁的檐角展翅欲飞。乾隆皇帝神游至此,或许又想起了凌波飞行的美妙。我们不禁想问,假如是他来做这个揪心的选择,要在祖业圆明园与自己钟情的胜景清漪园中选择一个完整地留给后人,他会犹豫吗?

然而,乾隆皇帝却和历史一样沉默了。

缩水的重修方案

当清漪园变成颐和园的时候，大清已经没有财力物力去原样恢复乾隆时的胜景，而那种缥缈怪丽也不再是 19 世纪末中国皇室所追求的理想。我们于是看到园中的许多建筑修复时在规制上都"缩水"了，它们在天际线上的遥相呼应也因此被弱化。尽管如今的颐和园山形水系依然保持了清漪园格局，但我们所见的许多亭阁已不再体现乾隆皇帝最初的设计意图。幸而一些摄影作品和样式房图档留下了曾经的旧观或修复设计，让我们得以对比从清漪园到颐和园，那些被舍弃的亮色。

中的每条又形成一个小十字歇山，如同一个不断自我重复的分形图案。五个宝顶呈塔囊状尖耸，好像刺向天空的笔。二层设一座西洋钟，为昆明湖东岸的整个宫门区域报时。在光绪时期样式房留下的早期修复设计中，文昌阁已经缩减规模，简化形态，但正身部分保持了原有体量，总体仍比较协调。而最终修复的颐和园文昌阁主体为歇山顶，无腰檐，前后出卷棚抱厦，与原作相比，不仅少了许多奇瑰与玲珑，也导致整体造型呆扁，留下阁与城台比例不协调的遗憾。

文昌阁的退化　　其中最典型的案例是文昌阁的缩建。1860 年，英军随军摄影师菲利斯·比托拍下了曾经的清漪园文昌阁。他完成拍摄后仅仅转眼工夫，这座文昌阁就被烈火焚毁，但光影通过比托的镜头走出了时间，让我们知道乾隆时期的文昌阁曾经是一座绚丽的结构：它的平面呈十字形，两层三檐，四出抱厦与阁同高。阁顶的屋面是一个结成的大十字歇山，四条脊

昙花阁的凋谢　　无独有偶，清漪园时代的昙花阁也在毁灭的前一刻被比托收入镜头中。如果不是摄影术，我们完全无法想象以羁直程式化著称的清代官式建筑曾经在乾隆皇帝的指导下实现过这样的奇构：正六边形的楼阁并不罕见，但昙花阁那六芒星形的平面有着六个阳角和十二个阴角，它的梁枋交接、檐下垂花和屋面的双曲面处理方式，都是已知的孤

↖清漪园文昌阁（左）、光绪朝文昌阁早期重修方案（中）与清末实际修复的文昌阁（右）对比（笔者绘）

↗清漪园昙花阁（左）、光绪朝昙花阁早期重修方案（中）、最终实际建成的景福阁（右）对比（笔者绘）

例，本该留下最珍奇的样本。以昙花名阁，固然是取其佛教意象，但是昙花那短促的盛放，却让这座阁也染上了难以名状的悲剧色彩。在光绪时期的重建设计中，昙花阁平面不变，但改阁为亭，减为单檐。不过这版简化设计最终也没有实现，宽敞实用的景福阁最终占据了这里，尽管保留了"阁"的额名，但却采取了堂的建筑形态。

治镜阁的坍缩　　同样的简化逻辑也在治镜阁的重建设计中得到了体现。乾隆时期治镜阁的规制宛如停靠在水面的飞来之城。在光绪朝改造设计中，这组仿写仙山的建筑组群在规制上被整体缩减：外城城楼由重檐改单檐，内城角楼由重檐十字脊改为单檐攒尖顶，而三层高阁则降为两层。如果这一方案得以实现，颐和园西部还能保留一处主景，在西堤的柳色背后影影绰绰，可惜治镜阁最终被彻底拆除，把它的木植融入了如今的颐和园。玉带桥西边，从此只有一座水鸟翔集的荒岛。

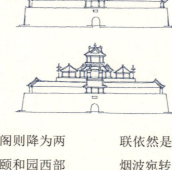

从这些案例可以看出，它们在重修方案中的"降级"是系统性的，把一座或一组建筑的规制要素均匀地做出减杀。这说明光绪时期颐和园的设计者们仍然很清楚

清漪园建筑的原有形制，并以某种超越成本考虑的思路做出了调整。就算以清末捉襟见肘的国家财政，也不会非要去省那一点工料投入。在这些"降级"的背后，实际上是一种俭省的宣示，一种在礼制上免受质疑的保全。

今天的颐和园，也并非全无一点乾隆遗构。无论是曾经属于大报恩延寿寺的转轮藏和宝云阁铜殿，还是三重檐的山色湖光共一楼、眺望玉泉山的画中游建筑群、向往隐居雅意的邵窝、后山玲珑纤巧的花承阁多宝塔，都仍然延展着清漪园的残卷。盛时的清漪园，依然执着地留在我们身边，没有走得太远。

在养云轩的西洋大门上，那副广为称道的门联依然是乾隆皇帝的御笔："天外是银河，烟波宛转；云中开翠幄，香雨霏微。"

大门朝南，游人在这副门联面前只能暂时背对蜿蜒的长廊与平阔的水面，把目光从无尽的景物之间挪开。于是有人看见妙句，有人感受到背后逼人的浩荡，也有人看见乾隆皇帝那科幻一般游走星河的视野。怀想那仙风拂动、高阁近天的清漪园而不可得的时候，不妨对着这副门联闭上眼睛。

↑ 清漪园治镜阁（上）与光绪朝治镜阁重修方案（下）对比（笔者绘）

分合

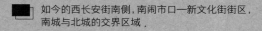
如今的西长安街南侧，南闹市口—新文化街街区，南城与北城的交界区域，

残破的金中都故城曾经在这里与崭新的元大都以极近的距离南北对峙

失落世界——南城八百年

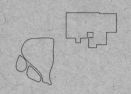
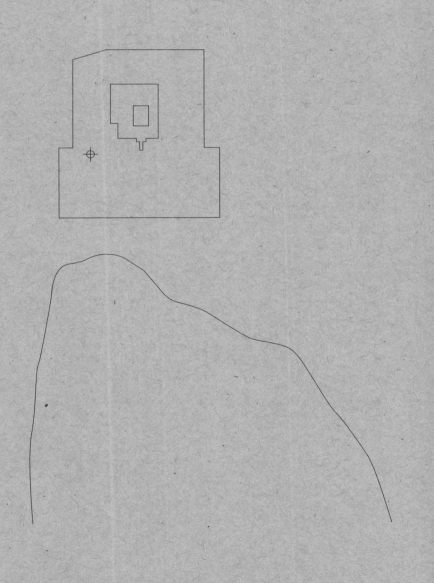

夕阳西下，游春的人们要回大都了。

他们的脚步并不匆忙，因为走顺承门进城，不过是两步路的事。在身后，荒废的楼台好像在挽留他们，其中不乏曾经宏敞伟丽、不亚于当朝大内的结构。但是天色渐暗，失去了仲春时节白日里的花色掩映，它们已不再能构成游人们眼中的风景。在僻壤荒村般的背景中，这些显得格格不入的广殿高阁甚至开始显得有些狰狞可怖。几片晚霞晖，几声野狗吠，古老的南城送走游人，又要孤独地沉入夜幕了。

两座北京城　　　　七百多年前，我们所熟悉的北京曾经是两座比肩
　　　　　　　　　　而立的城市。

公元 1215 年春，位于今西城区与丰台区交界地带的燕京被蒙古铁骑攻破。这座曾经先后作为唐代幽州、辽代南京和金代中都而存在过的古城陷入火海，宫室楼台半为灰烬。然而，这座中原北境的浩大城池却地气不竭，在几十年中一直延续着死而不僵的生命力。曾经在这段时期居住在燕京的丘处机曾经以诗句描述这座无主之城的魅力：

地土临边塞，城池压古今。
虽多坏宫阙，尚有好园林。

半个世纪之后，元世祖忽必烈决定再次定都幽燕。此时的燕京仍然是一座人烟稠密的大城，但其宫室已荒废不可用，于是在刘秉忠的指导下，大元的首都作为一座全新的城池被创立在今日

北京的中心。到公元 1285 年，大都已经初具规模，元世祖决定，将故都的居民迁往新城，其城墙城壕予以平毁，唯有城内的古刹和道宫得以保留。然而，身为数朝故都的燕京却并没有就此失去吸引力，一场"双城记"就这样开始了。

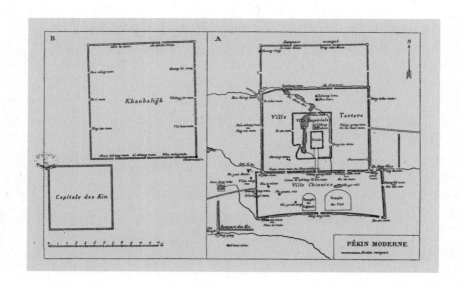

一座是奠定明清乃至今日北京城市格局的元代京师，周回六十里的大都城；一座是在历史上曾经保留着蓟、幽和析津这些地名背后记忆的古老城池。有元一代，这一新一旧，一北一南两座北京恰好处在时空交接的节点上，纠缠得难舍难分。于是在这一时期的很多文献中，它们的大名双双都被隐去了，只是被简单地称作"北城"和"南城"。

这是北京历史上的一场奇观。两座曾经先后拥有过几十万人

↑ 俄国汉学家贝勒通过将史料与遗存对照的城市考古方法，在 19 世纪 70 年代首次较为准确地描绘出金中都、元大都故城之于明清北京城址的位置（左：金中都与元大都；右：近世北京城址）

口的大都市在地理上是如此之迫近——北城的南墙西段即在今天的西长安街沿线，而南城的北墙东段则在今天的新文化街以南的头发胡同一线——两城之间的距离，不过是两条城壕的宽度。

尽管如此，南北城又是两个截然相反的世界。北城繁华而簇新，街衢纵横，极尽一国之富庶，但在当时，似乎却少了些可以让人玩味的古迹；南城一派凋零，丘墟遍野，大有黍离之意，但是城中历经唐、辽、金三代沉淀，幽燕之地几百载历史掌故，尽在其中。可游憩的一脉青青，可戴鬓边的黄花红药，可游可诗的寂寞禅林，可叹可咏的残碑遗构，这里仿佛是横亘在北城面前的一片失落世界，为岁月所遗忘，又为众人所不舍。对于北城的文人士庶而言，南城意味深远，他们所留下的文字中，写满了这种复杂的情感。这座南城激起了中国人所特有的那种兴废咏叹，那

↑ 近世北京，尚有元人眼中的南城遗意的地方，可能要数西便门、广安门外的郊野，昔日街市成为阡陌，唯有古塔相望，破寺掩映。这是黎芳于 1879 年拍下的南城画面（近景为大机老人塔，远景为天宁寺塔），这份疏旷如今已成追忆

种在古人与来者之间定位自身的永恒尝试。它就像一面镜子，让北城看到了自己的过去，同时也看到了自己的未来。

伟丽的苍茫　　难以想象，如果这样的一座南城留到今天，将能够告诉我们多少故事。"南城多佛刹，结构自辽金。傍舍遗民在，残碑好事寻。"单单是元代诗人张翥的这短短两句诗，就足以让所有的建筑史学者动容。今日的北京城区早已寻不到任何辽金时期的木结构建筑，正如今日的西安已无任何唐代木构，历史总是让人唏嘘。在全国仅余"四大唐构，八大辽构"的当下，回想曾经巨构嶙峋的南城，古人信手拈来的任何几处遗存都可算得是今天的至宝。而今，我们只能仰望天宁寺的雄浑塔影，抓住昔日南城天际线的最后一角。这座全市最为高大的浮屠，同时也是北京现存最古老的完整地上建筑。

"四大唐构"包括五台山南禅寺大殿、佛光寺大殿、芮城广仁王庙大殿和平顺天台庵弥陀殿。在最近的研究性修缮中，平顺天台庵弥陀殿证实为五代早期建筑，并非唐构。"八大辽构"包括蓟州独乐寺观音阁、独乐寺山门，义县奉国寺大雄宝殿，大同下华严寺薄伽教藏殿、善化寺大雄宝殿、应县佛宫寺释迦塔，涞源阁院寺文殊殿，新城开善寺大雄宝殿。

辽金之时，天宁寺（时称"天王寺"）的东邻是大昊天寺，它也拥有过一座壮丽不在天宁寺塔之下的浮屠。而它在无数传奇中获得的演绎又远在天宁寺之上，比如北宋徽、钦二帝在此相会的记载，讲述昊天塔孟良盗骨的元代杂剧，都以

↑ 从天宁 1 号文创园仰视一墙之隔的天宁寺塔，幽州伟丽的最后孑遗（笔者摄）

昊天寺为背景。在辽南京全盛的时代，天宁寺与昊天寺的两座塔如巨人的双腿一样跨立在皇宫北门外的中轴大道两侧，是后世北京难以想象的奇观。民国时期，《燕京访古录》的作者张江裁来到西便门内，仍然看到一座残破的塔基以及一块"昊天宝塔"铜匾。昔日西便门内外墓塔极多，从他提供的"塔身围圆六十尺（约6.4米直径）"数据来看，他应该是把一座较小的塔基错认成了昊天寺塔遗存，而他言之凿凿的铜匾似乎也一下子真伪莫辨了。

　　张江裁或许在访古的同时添加了一点演绎。但昊天寺遗存当时的的确确还在西便门内：一座宽阔的夯土台基被称作"郝井台"，"郝"通"昊"，这座台基应即是昊天寺塔或殿的基址。随着城市变迁，如今这座郝井台也无迹可寻了。

　　挂在昊天塔顶的杨老令公遗骨已经是纯粹的传奇，今天，南横西街的法源寺是南城最为人称道的遗存。它的前身悯忠寺可以一直追溯到唐太宗贞观年间，是那时的幽州城中最为宏伟

的建筑。寺中一座三层佛阁与寺同名，曾经留下了"悯忠高阁，去天一握"的民谚。这座大寺几次毁坏重修，但散布其间的唐辽碑刻、经幢依然昭示着"最古燕京寺，由来称悯忠"的沧桑。

　　在七百年前的南城，这里仍是以唐辽两代建筑为主，寺前安

↑ 傅熹年先生绘制的唐代悯忠寺原状推测复原图

禄山和史思明二人修建的相互对峙的木塔还有遗存，元代诗人乃贤和与其同游南城的友人曾经描写其塔檐铜铎和塔顶的唐代相轮"宝铎游丝冒，铜轮碧藓滋"的残状。如果我们相信他们的诗作是写实的，那么寺中的三层高阁那时尚有"朱栱浮云湿，雕檐落照低"的威仪。好眼福！今人却只有在后人补建的那座小小厅堂前空怅惘了。

还是今天的南横西街，在悯忠寺西侧不远的地方，有一座不起眼的小庙，名为"圣安寺"。这座小庙如今只剩下了山门和天王殿，皆为明清重修。然而，在当年的金中都，这里曾是"轮奂之美，为都城冠"的皇家大寺，寺旁曾有一池小湖，风光绮丽，金世宗和金章宗两位皇帝的御容曾经被供奉于该寺后殿，这就是盛于宋、金、元时期的"神御殿"制度。

神御殿或称"影堂"，是皇家祭祖制度的一部分，属于广义上的原庙系统，即在国家正式祭祖场所太庙之外另行兴建的纪念地。神御即御容画像，不及神主正式，但较神主更为生动，更能激发怀念亲近之情，故而受到众多朝代皇室的钟爱。金、元时期，神御殿往往安排在各大皇家寺院中，成为宗教场所的组成部分。

根据元人的记载推测，在当时

↑ 幽州已经与大唐一起沉淀在城市记忆的深处，如今的悯忠阁不再有"去天一握"的伟丽，但足以代表那些如丝如缕不曾断绝的脉络（白笛摄）

的南城中，圣安寺依然相当完整，虽然二帝御容已经不见，但仍是游憩的好去处。直到半个多世纪前，圣安寺依然留存有重修于明代的大殿和后殿，也曾经位列市级文物保护单位，可惜最终被毁，只有一座瑞像亭移建于今天陶然亭的土山之上，山门和天王殿留在原址。一代巨刹，终如断线遗珠般散落在历史云烟中。

沿着牛街一路向北，在长椿寺南侧，宣武医院东侧的街心花园中，人们可以看到一座不大的纪念碑，上镌"唐大悲阁故址"一行字。这里曾经矗立着唐代幽州城内的另一座高阁，阁的主人和悯忠寺的三层高阁一样，也是观音大士。据传其匾额"大悲之阁"为初唐凌烟阁功臣虞世南所书；无独有偶，蓟州独乐寺"观音之阁"的匾额也被认为是唐代大诗人李白所书。这些模式类似的传说，其真伪尚可研判，但幽燕之地对风雅的向往已可见一斑。

11世纪初的一天，幽州城天降骤雨，辽圣宗耶律隆绪"飞驾来临"，到寺中避雨。有了这次邂逅，拓土开疆的契丹国主特赐寺名为圣恩寺，寺与阁历经各代修缮，在元代南城中依然完好，留有乃贤"阁道连天起，丹青饰井干。如何千手眼，只着一衣冠"的诗句。以唐辽佛阁的常见模式推测，大悲阁中也应该是一座通高巨像，千手千眼，直达阁顶。而诗句中的"阁道"，则似乎指出大悲阁也是以复道相连的三座楼阁，而这样模式的结构在

↖ 今日法源寺收藏有元代渎山大玉海的基座，上面的众多海兽形象极为生动，他处罕见（笔者摄）

↗ 圣安寺天王殿低调地在现代社区的包围中独存。小小的三间殿堂保持着明代前期官式建筑的用材等级，往往让访古者惊喜（笔者摄）

今天的北京尚有雍和宫万福阁一处。今日阁道、井干、丹青、手眼与衣冠俱无，只有那通扁扁的纪念碑脚踩在低低的灌木和草坪上，勉力代表着大唐时的景象。

今天的宣武医院南临广安门内大街。直至近代，这条大街还被称作彰义街，因为金中都的彰义门就曾经坐落在这条大街的延长线上。明嘉靖时期兴建外城，念旧的京师人便直接以彰义门做了广安门的诨名。彰义街上有一座大寺至今尚存，这就是因其文玩市场而闻名的报国寺。和前面提到的当年南城遗存中的老前辈比起来，始建于辽代、成形于元代中统年间、大盛于明代的报国寺算得上年轻了。在南城高阁林立的当时，寺中若没有一处像样的登高之所，简直说不过去。或许正是想到了这一点，人们在报国寺中建造了南城的又一处名胜——毗卢阁。到明代，那些唐辽时期的高阁早已成为遗址与传说，轮到报国寺毗卢阁成为南城土木之冠。据《天府广记》记载，这座楼阁有阶梯三十六级，一时传为佳话。对比而言，智化寺万佛阁有阶梯三十级，紫禁城弘义阁有阶梯四十四级。游人登至毗卢阁上层出挑的平座，"俯视西山，若在襟袖；宫阙城市，具在目中"。当时甚至有人称，站在阁上，能看见卢沟桥上的骆驼。这虽是夸张之语，但也道出了毗卢阁之高大，以及前临京畿要道的地理位置。初建时，这簇新的楼阁突出于南城一片瓦砾残舍之上，大概也是那个时候的奇景了。

↑ 大悲阁故址纪念碑在牛街路口东北角，少有行人驻足。近年来 19 号线建设临时占用周遭绿地，此碑在孤岛中愈加寂寥（笔者摄）

　　清代康熙年间，报国寺毗卢阁在地震中坍毁。1900 年庚子之变，报国寺遭联军炮击。在清末新政时期，报国寺以昭忠祠的名义重建，纪念在抵御外侮的战斗中丧生的英灵。从此这组建筑不再具有佛教属性，但也继承了寺额"报国"二字的本意。故而，今天我们所能看到的报国寺已不像一座寺院，九间正殿意味着它在大清最后的岁月里成为国家祀典体系中的一员。

　　当年那个荒芜与辉煌共存的南城，今天还有迹可循的已百无其一。除了这几处至今依然可以触摸的遗迹之外，已无从追寻的典故数不胜数。在《析津志》"寺观"一节中所提到的一百多处寺庙中，位于南城的有三分之二。在那时，轩辕台、黄金台、大葆台、阅马台，这些古老传说中的建筑也还真真切切地遗存在京西南的土地上，接受人们的歌咏。七百年前的南城，一边"楼台

惟见寺，井里半成尘"，一边"坏庙鬼无主，荒丘狐化人"（张
翥诗）的超现实景象已远非今人的经验所能触及。

如果说建筑是凝固的历史，那么七百年前的南城则可以说是
建筑下还有建筑，历史上还有历史。据《析津志》记载，金代宫
苑荒废后，唯有琼林苑中有一座芙蓉亭岿然独存，该亭规制奇特，
由砖雕斗拱构成，繁复绮丽。元初的溥光禅师见后十分喜爱，将
该亭买下，"揭以雕檐，楣以香木"，以之为经藏，建成了一座
胜因寺。无独有偶，金中都的九重宫阙，竟还有被改建为道观乃
至市井酒楼而委曲存世者。我们如何想象七百年前，在今天的北
京西南二环内外，还曾经遍布精彩到难以想象的遗构，发生过那
样如梦如幻的营造事件呢？我们不得不羡慕那个时代的北京人，
有幸拥有一座神秘、幽远的南城，一座活着的博物馆。他们所留
下的一些文字，如乃贤吟咏南城大万寿寺的一句"皇唐开宝构，
历劫抵金时"，对今天的学者而言，几乎是从元代穿越而来的某
种毫不掩饰的炫耀。

一面蒙尘的镜子　　那个如同失落世界般的南城我们已经无缘得
　　　　　　　　　　见了。在元末的战乱中，南城再次遭到破坏，
其中大部分建筑遗存都因为日久年深而在明代最终走到了它们的
尽头，"南城"的概念渐渐淡化了，或者不如说，南城和北城的
交接趋于完成了。直到嘉靖年间，北京修筑外城，因为物力有限
而只包裹了南郊，这座城市才再次拥有了一个明确的南城。这个
新生的南城发展出了很多它特有的内涵，如会馆、戏曲、祭祀和
商业。到了清代中后期，曾经的废墟再一次成为闹市，新南城和

老南城的重叠部分成为北京的一片独一无二的文化高地，今天它被人们称作"宣南"。

许多个世纪以来，南城多次开风气之先，也多次遭没落之痛。但无论在哪种状态，南城都有一种特殊的价值，那就是它总能在某种意义上构成北城的对面，构成北城的反思，展现北城所没有的精神。在我们的时代，随着持续的城市开发，作为北京之根的南城遭到蚕食，这个过程虽然缓慢，但却难以逆转。当元代的大寺变成明代的宦宅，当明代的宦宅变成清代的会馆，当清代的会馆变成近代的报社的时候，新的可能性依然在同一片空间中滋生。然而，当建筑、街巷与居民这一切，都被宽大的马路和几个巨大而单调的楼盘"一劳永逸"地取代的时候，南城开始变得平凡。

有清一代，许多人在宣南菜市口被千刀万剐，而在 21 世纪初，古老的菜市口也经历过一场漫长的肢解。城市到处都在变得更宽、更庞大，这仿佛无可抵挡的大势难免以一种过于简单的逻辑理解肌理精密的南城。

北京需要南城，南城是它的诞生地，是都与城的故事难解难分的开始。南城也需要保护，让它在人们的生活中延续。

2012 年，南闹市口被划定为北京第三批历史文化街区之一；

↑ 今日长椿寺中收藏有一块蟠龙莲花浮雕角柱石，风格与房山金陵、元上都大安阁石刻接近，或是散落南城的金中都碎片之一（笔者摄）

2013 年，菜户营桥东北角的金中都公园建成开放，让许多市民了解了南城当年的繁华；2014 年，金中都太液池遗址保护与开发之争被广泛讨论，北京皇家园囿的肇始之地进入了公众的视野；2017 年，《北京城市总体规划（2016 年—2035 年）》获批，"老城不能再拆"成为共识；2020 年，《首都功能核心区控制性详细规划（街区层面）（2018 年—2035 年）》获批，金中都城址地下文物埋藏区（二期）得到划定。这些只是一个小小的开始。南城太丰富了，保护南城已经大大超出了一般意义上老城保护的概念：还有太多尘封在大地之下、典籍背后的故事等待发掘，还有多得超乎想象的遗存和遗迹要去保护和利用。而这一切的前提，是要去了解南城，去重视南城，这片失落的世界。

不过今人总说南城失落，元代诗人宋褧或许会不同意。他在

↑ 在过街天桥上俯瞰今日菜市口大街，已无法看出这是一片金代即存在的城市空间——古老宣南的腹地（笔者摄）

206

诗里教训得明白，但凡懂得事理的人走在这里，都应该知道，南城经历过什么，它为何如此，以及它的未来将是一片怎样的天地：

北城繁华拨不开，南城尽是废池台。
看花君子颇解事，不笑南城似冷灰。

中国历史上那些最受青睐的都城选址，如长安、洛阳、金陵与燕京，往往因为多个时代的建都营国而呈现为数个毗邻乃至叠压的城址。这些城址虽然分属于不同的时代，但是它们之间却往往有着深远的互动。"革故鼎新"只是简简单单四个字，在史书中往往看起来像一瞬间就完成的事情，但新城址不会马上就臻于成熟，旧城址也不会立即化为齑粉，新旧之间的交接往往意味着持续几十年的历史夹缝，其中足以容纳几代人的人生。他们会在新旧城址、新旧街巷之间往来，直到最终旧城址完全湮废，或者两者最终变得难解难分。

与其他古都的迭代相比，金中都、元大都与明清北京内城、外城在今日宣武门内外地区的用地交叠所形成的局面可以说是罕见地复杂，给今日北京所留下的肌理遗存也罕见地丰富，足以让我们一窥中国古代的城市化逻辑。

这场持续了几个世纪的城址交叠可以大致分为如下三个阶段。

首先是元大都、金中都并立阶段。

如上文所述，金元之际，废弃的金中都逐渐将人口转移至崭新的大都，而它自身则退化为郊野，只不过丰富的公共建筑

遗存与传统深厚的景观资源依然让金中都故城长期作为大都居民的游览目的地而存在。在这段时期，金中都北墙的东侧两座城门——光泰门和崇智门成为往来于两座城池之间的重要通路。

近距离并立的两座城池仿佛两个擦身掠过的星系，引力在它们之间搭起了物质交换的桥梁，如同长长的丝线。金中都的剩余人口源源不断地从这两座城门被吸入元大都顺承门，而元大都的居民也通过这两座城门涌入南城观光。彼时这两座城门早已是废址，但城门内外的道路因为前所未有的高强度使用而得到定型，成为今日金中都肌理遗存最完整的街区之一。崇智门通向金中都北郊的大街——今天的闹市口大街一线——由于元大都的兴建而被截断，北郊大道被封在元大都内部，成为南北向的城市干道锦什坊街。北郊村落成为新都城的一部分，比如今天西四牌楼一带曾是金代的西刘村。与此同时，金中都东城墙北门施仁门外，也出现了连接元大都丽正门外御道的斜街，就此为北京外城最壮观的斜街群落奠定了基础。

其次是明北京内城南展阶段。

在永乐时期北平再次建都为北京后，原有的城市南墙被向南迁移至今天前三

门大街一线，将金、元时期南北二城相邻的区域整体包入，金中都城址东北角迎来了第二次城市化。由于金、元两代的城市空间在现宣武门内地区交叠，使得明代北京内城西南角的肌理远比东南角平直规整，这种差别一直延续至今。此时金中都北护城河早已干涸，民居在原来的河岸上滋生，将河岸转变为胡同。现东太平街西头的曲线仍然标

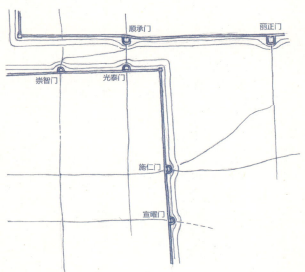

志着金中都护城河在崇智门瓮城处的弧弯，而"受（臭）水河"的胡同名则记载着护城河当年最后的一点水洼。元大都的南墙也逐渐坍废在日渐繁密的院落之间，只有一条顺城街（卧佛寺街，今已无存）成为日后西长安街西延段（西单至复兴门段）的雏形。

最后是明北京外城城市化阶段。

嘉靖三十二年（1553）兴建北京外城，原本计划四面合围而最终仅实施南面。外城西墙及护城河因此恰好从金中都中轴线上切过，这让金中都的宫阙遗存遭受重大的湮灭。但金中都的东城部分从此再一次得到了城池的围护。

此时，金中都原有的里坊格局已经无存，但东城墙与护城河仍然留存有明显的痕迹，不易穿行。外城建立后，繁华的宣武门外关厢逐渐与正阳门外连成一片，但在宣武门关厢东侧、金中都东墙、护城河原址上，依然留下了魏染胡同、粉房琉璃街等南北通长的街巷，是外城少有的纵贯型经向肌理。至于金中都东城墙的北侧两座城门所对应的干道——施仁门内外大街即今骡马市大街，宣曜门内外大街即今南横东街——则形成了北京外城的纬向肌理。北京外城的西部因此而明显比水泡散布的东部显得更为规整。金中都的烙印并没有离我们远去。

而在原来的金中都东郊地区，中都故城与元、明北京之间长期的人流物流互动早已形成了一组发达的道路系统，即从金中都施仁门（现虎坊桥路口偏北处）原址向东北方向的正阳门放射出樱桃斜街、铁树斜街、杨梅竹斜街、观音寺街等斜街群落。而金中都施仁门关厢北侧的海王村也

↑ 宏伟的元大都突然以压顶之势出现在金中都故城面前，将金中都北郊的路网吞噬。新的路网很快依照元大都的人流与物流需求生成，将相邻的城门对接起来，仿佛大树根系的再生

209

把它的村名留在了城市的内部。时过境迁，施仁门内外早已没有金代遗民，取而代之的是"宣南士子乡"的各省赶考士子，他们旅居在菜市口一带集中分布的各个省市的会馆中，成为南城文脉的重要构建者。

至此，北京历史上先后存在过的几个城址就这样在宣南纽结交汇，最终融为一体。但尽管历代城市规划并不会在意前朝的城郊分布，但人们总能在城郊之间达成某种比例上的平衡。元大都兴建以来，金中都由城而郊，而明人扩城以来，郊又成为城。但明代外城并没有让整个金中都东半部重新城市化，而是在中都故址内部实现了城与郊的分配，南横街以北人烟辐辏，而南横街以南却仍然是郊野面貌，不失清幽野趣。元人喜爱的那个芳草萋萋的南城并没

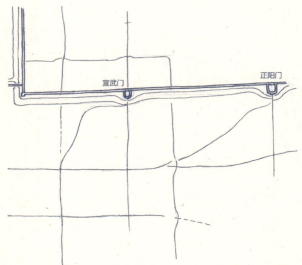

有全然消失。

北京的城市轮廓从来没有停止过变形，近代以来，它依然在继续向外扩张，不断重复熔融与吸收的过程。当它最终失去城墙的限制后，这一过程更是前所未有地加快，乃至将京畿多个城址一齐吸入腹中，如宛平城、巩华城，以及一些有城垣围护的镇址，如西八里庄、东坝等。而随着北京新的城市总体规划明确划定了集中建设区、限制建设区和生态控制区，这座巨大的城市又开始有计划地吐出一些已经城市化的用地，并约定永远不再占据那些生态攸关的蓝绿空间。这个过程仿佛是元代以来城址变迁的延续，城与郊在进退之间共存，并没有谁能彻底取消另一边的存在。

↑ 在明代，由于相关区域的"再城市化"，金中都的城市轮廓反而重新从郊野中凸显出来，表现为一系列城市街道

去留

■■ 21 世纪初的王府井报房胡同法华寺遗存 ☐ 清中后期规制稳定状态的王府井报房胡同法华寺

王府井法华寺的客尘落定

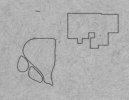

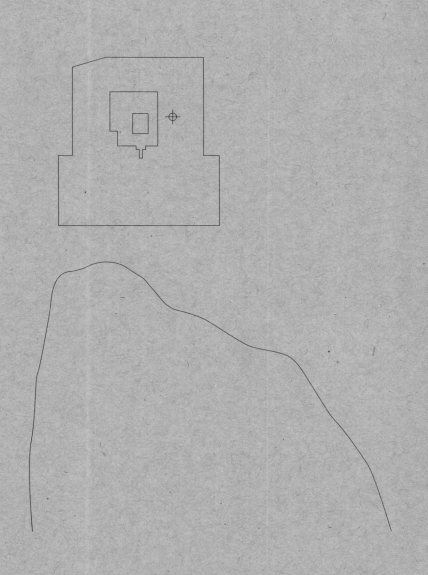

多年以后，当王府井大街上的行人匆匆经过报房胡同口的时候，他们还能想象 1898 年那个秋夜，谭嗣同到法华寺密访袁世凯商讨变法大计，在客寮中留下的匆匆身影吗？

　　彼时戊戌变法正在接近最后的高潮，那一晚他二人到底是在什么气氛下完成了近代史上这场著名的法华寺密会，梁启超、袁世凯等人各执一词。梁启超笔下的二人对谈慷慨激昂，磊落坦诚，袁世凯那句著名的台词"诛荣禄如杀一狗耳"便出自梁启超版本（《戊戌政变记》），而袁世凯笔下的夜谈则凶险而危机暗伏，谭嗣同举止癫狂，以命相逼，甚至似乎身携利刃（《戊戌日记》）。不过我们所知道的是，袁世凯终究背叛了维新派，慈禧太后宣布训政，光绪帝被软禁瀛台，谭嗣同等六君子血染菜市口。历史往往如此，把大线条勾勒给后世，却把无数细小的事实付与传奇，让后人在经过那舞台的时候放慢脚步，暗自在自己头脑中演绎。

宦官勇士舍宅为寺　　北京曾有多座法华寺。其中，天坛法华寺街法华寺、魏公村法华寺目前均格局完整，有遗构存世；殿宇无存的昌平银山法华寺则以其宏大的塔林著称。可是，王府井报房胡同法华寺，谭袁密会的这座法华寺，却渐渐淡出了公众的记忆。

　　故事里这座法华寺就在王府井报房胡同西口。它的身世说来话长，起始于明初女真族宫监刘通（1381—1435）舍宅为寺的愿望。这位刘通并非深宫中的普通宦官，而是一位功勋卓著的军事将领。

　　明初的军功宦官是历史上的一个特殊群体，其中三保太监郑和（1371—1433）家喻户晓，而晚生十年的刘通则与北京有着更多不解之缘。他在明成祖朱棣未得天下时就侍奉左右，在靖难之役中屡建战功，在成祖定鼎北京后，又跟随他北征，完整见证了明初北边军事行动和北京从元大都旧址重新成为国都的壮阔历史。元明间张昱诗云："昌期遭际风云会，草木犹封定国勋"，明成祖器重这位宦官战将，在永乐十二年（1414）授予刘通直殿监太监的职衔。

直到明代中后期，朝廷仍然希望维持"内操"制度，即在皇城中操练宦官军队，只不过那时承平日久，宦官已不可能具有刘通这样的实战经验和指挥才能，再也无法恢复明初的盛况。一些地位较高的宦官们操练时甚至还要自己的仆从在身边服务，往来纷杂，反倒干扰了皇城的防务。

刘通一生征战，晚年仍在边疆守备，不知是否曾在北京的宅邸中安享过几年的清闲。明初宦官识字有禁，刘通身处这座革故鼎新中的都城，也未留下只言片语的文牍。但他终究选择了一种更加直接的方式参与了北京的城市更新。他去世后，其弟刘顺于正统五年（1440）为兄长的故宅申请了寺额，延请了在刘通生前已结善缘的高僧作为开山法师。在中国佛寺建筑发展的早期，舍宅为寺曾经是寺院建设的一种常见机遇，这在《洛阳伽蓝记》等文献的记载中就可以看到。而在宦官地位总体较高的明代，宦官舍宅为寺或申请鼎建寺院又呈现一段高峰期，为北京贡献了相当一批中小型寺庙，其中不乏在北京城市史上具有重要地位的作品，如曾经作为英宗朝大太监王振家庙的智化寺。在获得寺院身份的最初几年，法华寺仅仅沿用刘通故宅。到第二任住持宝峰聚禅师时才大兴土木，经过几年经营，在景泰六年（1455）改造成一座规模完备的寺院，并在成化时期获得了皇家敕赐身份。

且让我们回到城市空间中观察。法华寺第一次出现在北京的城市影像中，是 1750 年完成的《乾隆京城全图》。可惜该图对于市井寺观表现简略，法华寺只是草草出场。直到 20 世纪 30 年代，北平研究院调查故都庙宇，此时法华寺尚且完整，第一次为我们留下了足以遥见其轮奂盛时的记载。镜头中的法华寺格局紧凑，五脏俱全，栋宇玲珑，的确不过是一座大宅的尺度，符合它"舍宅为寺"的出身，而其规制特异，则罕见于京城寺观。尤其是毗卢殿为重檐庑殿顶，殿后附有虎尾披檐，活脱脱一座微缩版的隆福寺慈天广覆殿。法华寺与隆福寺不过隔街相望，二者皆在明景泰时期建成，法华寺仅比隆福寺小两岁。一座出于宫监私志，一座出于皇家宏愿，法华寺是否承载了某种对隆福寺的向往与比附呢？建寺的时候，或者历代住持高僧大德发愿兴复的时候，是否有谁曾经遥指街北隆福寺的重檐巨栋，希望在法华寺的小小螺蛳壳里复制一座那样令都人仰慕的佛宇呢？

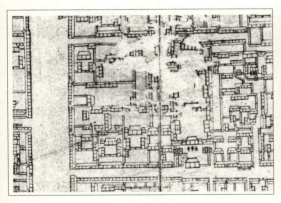 

↑ 1750 年《乾隆京城全图》(左) 及 1959 年航片 (右)
反映的王府井法华寺格局

法华寺的匆匆过客　　法华寺故主刘通的一生金戈铁马，似乎注定了这座寺庙的不凡：法华寺的都市传奇之多，更超过其北邻巨刹隆福寺。这里并非皇家香火院，但却因为临近皇城东安门而成为迎来送往的客堂。清代以来，它接待了许多寓居、暂住的客人，见证了许多人的匆匆与结局。

　　在法华寺，有的客人回望一生的荣辱，淡然度过晚年。佟佳法海是康熙年间的进士，家世极为显赫，祖、父功勋卓著，叔叔佟国维更是康熙皇帝的舅舅，圣祖对佟家恩遇极崇，封赏无数。法海在东南沿海省份担任大员，治水颇有建树。到了雍正朝，世宗也没有降低恩宠，派这位法海提督江南学政，门生遍地。荣宠已极，法海性子里的执拗冒昧便显了出来，仕途急转直下。他私自与十四阿哥允禵和年羹尧交好，奉命将"塞思黑"允禟的家眷从西宁押赴京师时，又不待旨意而动，几乎触犯了雍正一朝所有最

↑ 大悲坛是法华寺廊院后殿，是全寺中轴线上完整留存到 21 世纪的唯一一座建筑。2020 年下半年被拆除

218

严重的忌讳，险些被判死罪，最终被发往宁夏效力，到雍正后期才回京，闭门谢客。但很快家宅也被抄没，法海无处可归，寓居于法华寺西跨院。他取士江南时的一位门生赵仙枝闻讯，便到这里拜望他。在人生低谷中遇到如此宝贵的慰藉，法海很欣喜，二人略去师生之礼，在法华寺度过了一段平静的时光。门生小心翼翼地谈起老师昔日的宠辱，法海似乎已经释然，他说"不独雨露为天恩，即风雷亦天恩也（《闲渔闲闲录》卷八）"。

高宗登极之后，优待废员，起复法海，让他在咸安宫官学任职。到乾隆三年（1738）开春，赵仙枝再往法华寺拜望，寺僧告诉他，法海已于前一年夏天去世了。赵仙枝为之久久伤感。

在法华寺，也有的客人反客为主，纵情于一时的煊赫。《啸亭杂录》记载，乾隆年间，法华寺来了一位"法和尚"，他打着佛法的幌子结交京城贵胄，在寺中开设赌局吸引富室子弟，竟还私蓄女伎，把法华寺变成游戏声色之所，败坏了这座名刹开山以来的嘉名，而他本人则富埒王侯，人莫敢撄。此时便有果毅公阿里衮站了出来。阿里衮是乾隆朝军机重臣，一生惯于战阵，曾平定大小和卓，在紫光阁上留有画像。阿里衮愤恨此人败坏佛法，命部下趁黑夜潜入法华寺，将其擒获。他预感到必然会有朝廷显贵出面回护"法和尚"，当机立断，发动附近各个寺院的僧众来到法华寺。众僧想必平日已对"法和尚"的作为厌恶至极，当场杖杀此人。才过不久，果然有要人出面庇护，已然来不及了。市民们拍手称快，甚至还有人把这个场面绘制成画作售卖，市井传颂，许久不息。

法华寺肇始于一位沙场干将，又因为另一位将军的果决而获得新生。刘通如果有知，或许会感到英雄之间跨越时代的相惜。后来，阿里衮远征缅甸，再次建立功勋，最终病故于军中。

　　在法华寺，也有的客人临危受命，匆匆而来，匆匆而走。1860 年英法联军之劫的前夜，京师留守兵备曾在法华寺指挥守城。局势稍定，恭亲王奕䜣为首的朝廷大员又以法华寺为谈判桌，延见洋人，引领了近代中国外交活动在北京的发端。到 1880 年，国家已然遍地兵戎，朝廷授湘军猛将鲍超湖南提督一职，他进京觐见光绪皇帝与慈安太后，也曾在法华寺短暂居住（《霆军纪略》卷十五）。彼时沙俄正借伊犁事件进逼京津，局势紧张，鲍超到任后立即招募部队，北上协防京畿。法华寺到底有英雄之气，它总与戎马倥偬之客结缘。然而鲍超亦生不逢时，清末朝廷对外软弱，局势一紧，鲍超往往立即领兵投身防务，而稍成和议，朝廷便忙不迭遣散鲍超的队伍。将军不怕遍体鳞伤，却怕临阵裁归的窝囊。这种窝囊最终在几年后的中法战争中达到顶峰。当中国"不败而败"之后两年，鲍超也在余恨中病逝。此时距离谭嗣同孤注一掷来到这里夜访袁世凯还有十一年。

　　古时寺庙往往利用廊庑、偏院为公差与过客提供寓居之所，这是寺庙维持自身运作的一种常见营生。这样一来，贵在清净、规律、日复一日的僧众生活便会受到往来客人纷杂的干扰。客人在寺庙中的生活当然会尊重僧众们的清规，但是他们各自带着自己的故事，以及俗世的烦恼。一些人在此仅住几天，便奔赴使命，另一些人则在这里了却余生。佛家云："心遇外缘，烦恼横起，故名客尘。""客尘"之客并非指客人，而是指外于自身心性的现象。但是寄宿在寺庙中的往来之客却又真实地影响着僧众们的

心境，像是一团总是笼罩在法堂前的尘埃，并最终成为修行的一部分。

在宣南法源寺的客堂前，有一副楹联："客尘易伏家贼难防各自谨守，堂前扫净宾主相见送去迎来。"客尘并非尘土，家贼也不是内贼，它们是一些往来无定的烦恼与容易被摇动的心性。在北京，一些寺庙因为其位置而比其他的寺庙更加惯看客尘，比如这座法华寺和更靠近东安门的贤良寺。它们被卷进许许多多的履历与传奇中，并往往最终成为一座城市新陈代谢的旋涡本身。

去与留　　对法华寺而言，寓居者是客，而对一座存续了许多个世纪的城市而言，法华寺本身也成了客。戏总会落幕，而舞台也不能永存。这座刘通军旅之余的栖居、戊戌风云中谭袁密会的真实舞台——王府井法华寺，在我们的时代，就要彻底从人们的空间感知中消失。很快，英雄与戎马，新计与旧谋，词气与风度，这些舞台上闪过的影子，就要随着舞台一起蒸发，又一

↑ 老华侨大厦旧影，照片右端可见法华寺大雄殿和毗卢殿的一角从大厦身后露出来

221

段有形的故事要沦为无形的怀想，而讲故事的人只好虚指着北京的风，让后人想象那些生动的往昔。

一处建筑群的消失是一个漫长的过程：新中国成立初年，法华寺寺宇曾经做过学校，在 1959 年北京航片上，法华寺整体格局仍然相当完整，但其钟鼓楼、天王殿和廊院前段已经被新建的住宅楼压占。在此之后，随着唐山大地震所造成的破坏，主体殿宇先后被拆除，庑廊历经翻盖，法华寺成为大杂院，不再能从报房胡同进入，转而向北侧多福巷开门。1988 年，原为 20 世纪 50 年代"北京十大建筑"的华侨大厦被拆除扩建，压占了法华寺藏经阁基址。至世纪之交，法华寺原址整体纳入王府井商业区规划，开启了旷日持久的拆迁。此时的法华寺遗存，尚有中路大悲坛、部分庑廊、西路正厅和后厅保留原有结构，其余部分虽然在历史上多次翻盖，也仍然保留了部分原有格局信息。

↑ 多福巷胡同说明牌上介绍了法华寺建筑遗存的情况
（笔者摄）

↑ 2020 年深秋的法华寺西跨院后厅及其厢房遗构，背景建筑为华侨大厦（李志学摄）

↑ 2023 年秋，归为白地的法华寺在等待故事的下一章（笔者摄）

2019 年，法华寺西路正厅尚在，仅仅一年之后便成为废址。这不起眼的五间正厅是一座载于史册的建筑，《天咫偶闻》记载："寺之西偏有海棠院。海棠高大逾常，再入则竹影萧骚，一庭净绿。桐风松籁，畅人襟怀，地最幽静"，《天咫偶闻》的作者震钧曾经命名海棠院屋宇为"丁嘤馆"，想必是全寺最为出名、规格最高的文人寓所。佟佳法海晚年所居"法华寺西偏"或即此院。而戊戌密会，是否也在此地，则不免引人遐想。而这还仅仅是法华寺的一个角落而已。

我们几乎就要与王府井法华寺告别了。它的旧址已经荡平，如今仅有记载着德悟和尚事迹的古碑还矗立在原地——在明清更替之后，法华寺曾经被各路使用者瓜分而一度沦为大杂院，预演了它数百年后的命运，直到高僧德悟和尚经过几年努力，于乾隆中叶成功梳理了寺院产权，让法华寺重新成为东城名刹——而在一座寺庙的历史上，又能有几位德悟和尚呢？在城市的代谢中，没有哪个具体的空间建置可以永存。温顺地走入那虚无与遗忘的良夜，是从古至今绝大部分空间营造的最终命运。

可是，总有一些时代的人们，会在古迹的湮废面前感受到更加强烈的惋惜。上一个这样的时代离我们并不遥远。2019 年，西四北大街的圣祚隆长寺完成腾退。在这座湮没于大杂院的明代古寺中，人们发现了一通石碑，上面镌刻着乾隆皇帝的一首御制诗：

燕都四百载，梵宇数盈千。
自不无颓废，岂能尽弃捐？……

224

　　乾隆皇帝的诗历来不被欣赏，他对待历史建筑的方式也与如今的文物保护理念不尽相同，可在这一首诗中，他把对北京古迹的态度展现得淋漓尽致，直到今天仍有意义：那些蒙尘的宝珠，或许暂时破败了，但终究不能被当作瓦砾放弃。北京是一个家，在任何家里，人们都不会等到珍藏着无数故事的宝匣腐烂漫漶了，再心安理得地向自己论证这破玩意儿从来就不稀罕，扔了也罢，然后把几个世纪积累下来的至宝一举弃捐。

　　而如今我们再次处于一个惜古的时代。我们因此感受到了共鸣，因为这首直白的诗里也蕴藏着法华寺的某种可能的未来。

　　1872 年，年轻的法国旅行家卢德维奇·德·波瓦（Ludovic de Beauvoir）出版了他的中国游记。他在登上城墙俯瞰北京街市之后写道：

↑ 2024 年初，法华寺遗址上的德悟和尚行实碑（笔者摄）

225

一百年后，北京将不复存在，它将不得不被放弃。两百年后，人们将发现它如同庞贝古城一样，只不过覆盖北京的，将是它自己的灰尘。

德·波瓦笔下的那个未来没有在物理意义上发生。如今的法华寺基址的确正在蒙尘，可覆盖在残碑断础上的，不只是它自身砖瓦朽木的灰尘，还有几百年来那些无形的客尘。当往来过客消失在时光的远处、当法坛寸木无存的时候，尘埃也终于落定了。刘通的边塞、佟佳法海的残生、"法和尚"的猖狂、阿里衮的果毅、鲍超的叹息、谭嗣同的热血，都颓然委地，变成了一层看不见的薄纱。

但客尘不会就此沉积。当机缘摇动的时候，它们又会震动起来，再次飞扬，在故事与人心里寻找新的依凭。

老城就像一个巨大的肌体，组成它的是无数细胞般的院落。这些细胞有的大，有的小，有的复杂，有的简单。随着城市的变迁，它们都会或快或慢地新陈代谢。有的细胞会被取代、吞没，也有的细胞会遭到破坏，然后在复原、异化与消亡之间游走挣扎。

曾经遍布老城的寺观就是一种典型的细胞。作为街区信仰、社交、商业乃至休闲生活的维系者，它们一般比寻常院落要更大一些，也更复杂，拥有某种自我修复的能力——但当大规模的社会变迁来临时，这种能力其实又显得相当有限。一个世纪以来，庙宇在老城的角色多次转变，其物质遗存首先遭到反复的磨砺，绝

大多数庙宇都沦为病体，而其功能也往往在被抽换后随着时代变迁而发生大幅度摇摆。但除非直接将其一次性地从大地上抹去，否则一座庙宇是绝难被彻底消灭的：它经受的磨难越多，它就越执着地把它的痕迹刺入大地。忍受着时过境迁的孤独，它们却依然坚强地在曾经守护过的城市里等待再一次发挥作用的时机。

北京老城的上千座庙宇，每一座都有着独一无二的经历，但这并不妨碍我们从它们的故事里提取出一个"典型"，作为城市变迁中的庙宇群像缩影。接下来我们将虚构一座寺庙，观察它在北京城市肌理中的遭逢。情节如有雷同，读者不妨对号入座。

城市密码考证

"昙花寺"的前世今生

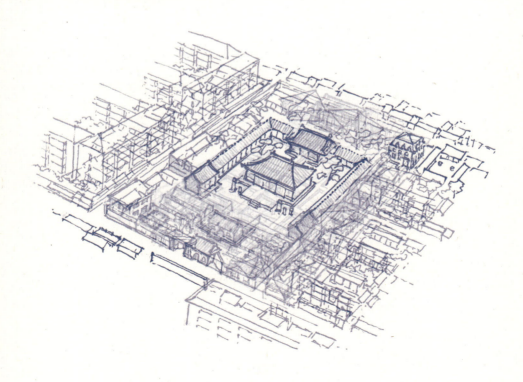

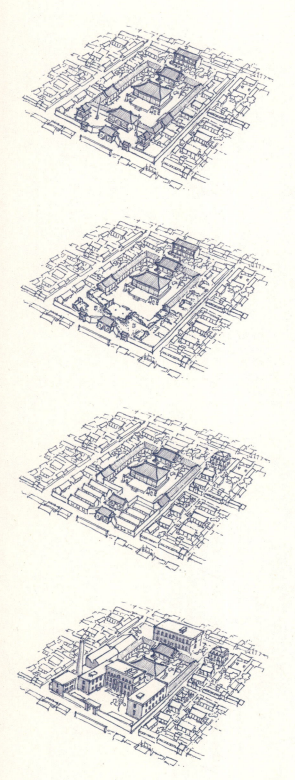

昙花寺位于鸣玉坊,其地在元代为训象之所。明初,训象所废弃,明宣宗宣德四年(1429),内官监太监丁枚即其地建寺,宣宗敕赐寺额"昙花寺"。宪宗成化年间崇修寺宇,并延请两位法王驻锡于此。此时昙花寺规制大备,首为大雄宝殿五间,左为文殊殿三间,右为普贤殿三间,后为圆觉殿三间,廊庑周回;前为天王殿三间、钟楼、鼓楼、山门并二角门。东西跨院为方丈、僧寮、客寮、庖湢等。世宗嘉靖年间废除寺额,遣散僧众,改其寺宇为丹悃院。穆宗隆庆元年(1567),丹悃院废置。神宗万历年间,将丹悃院原址作为汉经厂别库。

清圣祖康熙年间,敕谕恢复昙花寺寺额。高宗乾隆年间出内帑重修,于圆觉殿后增建藏经阁,轮奂为之一新,重为西城一大丛林。至此昙花寺命途平稳。

德宗光绪三十年(1904),昙花寺受灾。僧众在天王殿撞倒香烛,火势点燃帐幔,烧毁天王殿、钟楼、鼓楼;两侧庑廊引火,向西幸而得救,向东延烧文殊殿,东跨院为之一空。

住持演化(1842—1924)勉力修复,将东跨院地卖与东邻赵家、王家。赵、王二家遂扩建别业,赵家兴建花园,堆山叠石;王家兴建洋楼院一所。两家别业将寺东原有夹道向西推至东廊外侧,称昙花寺东廊下。演化禅师化缘数年,重建文殊殿、天王殿,天王殿仍为三间,但较原构缩小。钟楼、鼓楼、庑廊未能修复。山门以内,渐次兴建房舍,寺僧收租度日,两角门约在此时拆除。民国十九年(1930)起,北平研究院调查北平城庙宇遗存,为昙花寺绘制平面测绘图、拍照、拓石。民国二十三年(1934),昙花寺寺产零落。为谋生计,住持续演(1899—1968)拆卖藏经阁,阁首层藻井、造像被美国人购去,经卷被法国人购去。藏经阁所在后院建造客房出租。

1950年,昙花寺遣散僧众,寺宇归轻工设备研究所所有。研究所于1956年拆除山门、天王殿、文殊殿、普贤殿,将整座寺院前半部改造为办公用房,大雄宝殿、圆觉殿撤除造像陈设,改造为车间和会议室,西跨院改造为锅炉房和库房。

1976 年，唐山大地震波及北京，研究所建筑结构受损，大楼等添加圈梁，大雄宝殿岌岌可危，旋即拆除，构件弃置在郊区，星散无存。大雄宝殿旧基添盖新房作为实验室。至此，昙花寺仅有圆觉殿和左右庑廊、西跨院后部零星建筑及部分寺墙尚存。世纪之交，昙花寺所在的街区已经大部开发为危改小区，仅王家洋楼列入北京历史建筑名录得到保护。2001 年冬季的一个夜晚，因电器短路，圆觉殿烧毁。原址随即添盖库房。2007 年，为迎接奥运会，已经停用的锅炉房烟囱被拆除。

2014 年，轻工设备研究所计划迁往新址，原址规划为商业金融用地，地上建筑渐次腾退。 2016 年，随着轻工设备研究所厂房与实验室拆除，民间文保人士在废墟中看到重新裸露的昙花寺大雄宝殿柱础和石碑残件，并确认昙花寺两庑的部分木结构仍为明代遗构，且内外檐残存明、清两代建筑彩画。昙花寺所在街区的责任规划师很快获悉了这一发现，并向市规划部门、文保部门报告了相关情况。昙花寺的历史与演变得到各大媒体的报道，引起了舆论的广泛关注。经各界人士共同介入，拆除得以停止。

2017 年，昙花寺所在地块的规划指标得到调整，规划建筑面积转移至老城以外的某轨道交通一体化项目，昙花地块项目性质变更为城市客厅与家园中心。在施工开始前，根据考古前置要求，研究人员开始对昙花寺基址进行考古发掘，确认原寺址四至及各单体建筑范围和工艺做法，出土一系列文物，发表考古简报并在市级博物馆举办昙花寺特展。

2019 年，考古发掘获得阶段性成果。结合北平研究院调查资料与轻工设备研究院影像资料，修复昙花寺大雄宝殿、圆觉殿，原址归安石碑，并修缮两庑、寺墙遗存。天王殿、鼓楼按明代规制恢复至台明，作为遗址展示和文化活动场地。轻工设备研究所大门、西路锅炉房、库房等作为工业遗产得到保留修缮。同时增建各项服务设施，引入艺术画廊与商业业态，优化调整观览动线，与周边社区相协调。至 2022 年，昙花寺重新成为市民熟悉的公共空间与文化探访地。

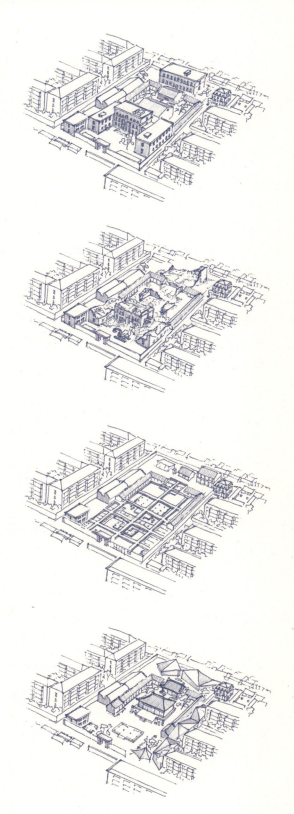

"昙花寺"的故事讲完了，我们编出了一座寺院从明代到当代的经历。可是我们又其实什么也没编，因为根本不需要编，这些遭逢都曾经真实地、密集地发生在北京的寺观身上，每一座都在几百年间把命运的起起伏伏走了个遍。不知读者能从"昙花寺"的身上看出哪些庙宇的影子呢？

北京有大量庙宇宫观遗存，它们当年规格极高，规制宏大，京师五城一时侧目，贵胄平民云集向往，而如今则仅剩残碑断碣、后庑偏殿、东西廊下。在以往，其脆弱的物质载体往往得不到利用与展示，就彻底消失在城市现代化过程中。但在未来，我们可以为这样的遗存构想一种更为积极的新生，不再任由其被当作普通杂院拆除、翻盖，而是将保护范围最大化，寻求展示与兴复。

"昙花寺"是幸运的，毕竟有多少寺观终究没能等来那样的重生，带着它们所留存的那一块小小历史拼图沉入了遗忘。而我们又如何能兀自超前地乐观，在"昙花寺"故事的末尾，为它构想一个回归城市的结局呢？但我们相信，随着老城复兴的步伐，这种乐观的合理性，很快就将在迫近的未来被找到。

"昙花寺"是虚构的，但是法华寺是真实的。2024 年，王府井法华寺 569 岁。无论它变成什么样，法华寺的故事都将继续在这座城市里讲下去。它在 20 世纪的衰落与危机，以及它最终或许能获得的新生，都会完整地留给后人，在巷议街谈中成为又一篇为人所津津乐道的传奇。毕竟与国家的几千年积淀、北京的首善大观相比，以它的岁月尺度，也就才到知天命的那一年。

真空

如今的西直门地区

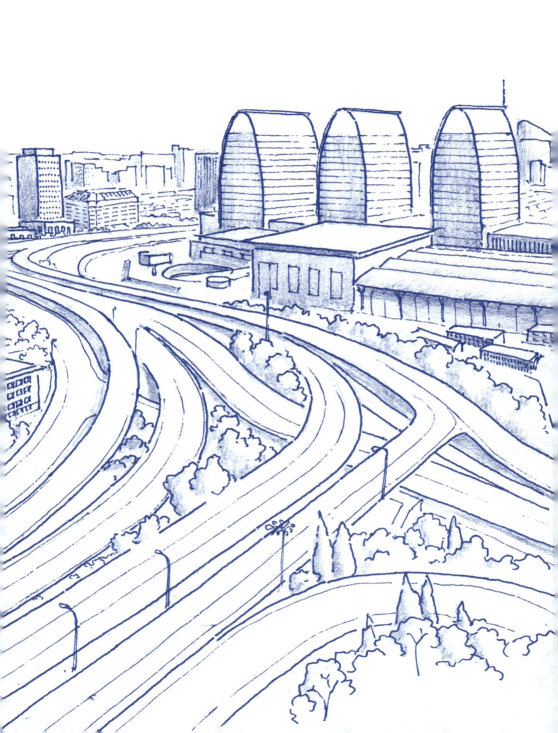

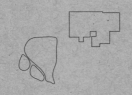
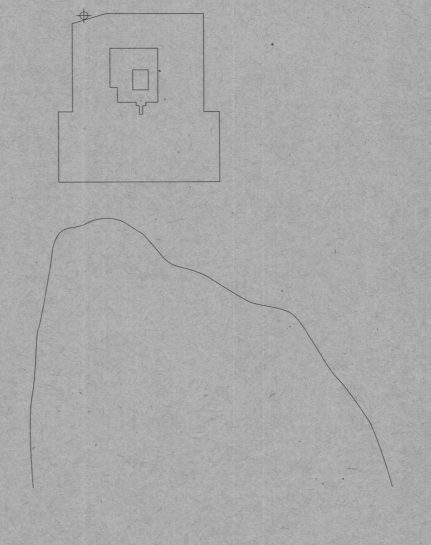

"他呀，就爱坐这石头上晒太阳。"

询问一位老街坊是否还在这小院里住，他的邻居却告诉你，他已经不在这儿了。或许搬去了南五环外的新楼，或许决定周游世界去了，或许让儿女接走养老了，又或许，去了更远更远的地方。

你道过谢，转身要走，可是老邻居的话匣子却不容易关上。他指给你看那位老街坊留下的身影，手比画着："他平时就闲坐在这儿，晾衣服在这儿，这儿他种过葱……嗐，街里街坊的，也不是没跟他吵过架，谁让他……"你要找的人走得越远，老邻居话就越多。他踱着步，用手划拉着，好像要短暂地在空气中定义出一块空间，然后他说的那个人就会出现在那里，访客就看见了。

"继承者"与"老邻居"　　人是如此，建筑其实也是一样。城市建筑与它的居民一同处在一场无止息的新陈代谢中。在之前的篇章里我们已经看到，这场新陈代谢遵循着这样的规律：首先是"先来后到"，先发生的营造不仅会占据空间，还必然会让后发生的营造主动纳入它所编织的人与物的逻辑框架中来，由此而导致"余响不绝"，当一些规模重大或者位势关键的建筑物或建筑群灭失的时候，它们在城市中的占位往往不会立刻被抹除，而是被后来者继承。

如果城市建筑会说话，那么这些"继承者"是最会讲故事的。你观察它们的时候，就会听到它们讲述当年的殿堂、衙署与渠道的故事：巷陌覆盖了殿基但却留出了昔日的御道，宿舍楼压占了厅堂但却用东厢的台明盖了传达室，护城河被掩埋，可是河床下如今却奔流着人与列车——这就像走进老城里那些如今已经成为

235

大杂院的古刹，作为空间继承者的居民们讲的故事往往比当年这里的法师们更多一个层次，因为经书里抽象的无常已经成为具体的现实。记忆可以延展，也可以流转，在这些老庙里居住了四十年的老街坊也并不能算老资历，四十年居住史还不足以让他闻过当年的香烛，可是他也一定会说起他没有见到过的从前。

与"继承者"相比，"老邻居"却又是另一批存在。它们原本与我们要探访的对象没有什么直接的关系，只是在空间上迫近。但它们却亲眼见证了逝去与离开，守着身边的一个空白。如果你向它询问那昔日的老街坊，它们也会打开话匣子。可是与"继承者"的滔滔不绝、虚实夹杂相比，"老邻居"们保留的更多是身体记忆：它讲着讲着沉默了，可是手势身形却还是与那已不在此地的旧邻互动的样子。

假如把北京层层叠叠的城市营造一一细数，我们就会发现，这些"土木居民"不外乎是这两类："继承者"代表着城市肌理的纵向叠压，而"老邻居"则代表着同层次的共存；"继承者"代表历时性，而"老邻居"则代表共时性。在这本书里，我们一起聆听的更多是"继承者"们的故事，而"老邻居"们却还在一边不远处偷听我们的对话。在城市汪洋中，这些"老邻居"们就像隐居的高士，一眼看去平平无奇，可是却不知曾经见过些什么世面。下面我们略举其中的几位，看看它们还保留着与谁对话时的姿势。

迎来送往　　一座城市的大酒店和小客栈每天都"吞吐"着八方
　　　　　　　来客，而城市自己也在漫长的新陈代谢中看着构成

236

它的建筑们来来往往，只不过是以一种看似缓慢得多的节奏。但当时刻到来的时候，所有建筑都将面对自己的命运，那些以迎来送往为己任的酒店建筑也概莫能外。它们中有的提早到达，超前了几个时代，也有的在天色将晚时却匆匆要走，就和它们的房客没有什么两样。

　　行人们一般都不会想到，当今日王府井闹市中的北京诺富特和平宾馆那座白净的八层主楼建成迎宾的时候，如今已经变成大街的金鱼胡同还只是一条普通的胡同，而宾馆的大门就开在胡同深处。这座设计简约现代的大楼是新中国最早的酒店建筑作品之一，于1952年即作为"亚太和平会议"的宾客驻地承担了外交使命。建筑大师杨廷宝先生在和平宾馆项目上应用了极为超前的设计理念，在风格上很难想象它比人民大会堂等1959年"北京十大建筑"还要早，但在占地规模上，和平宾馆却非常尊重街区城市肌理，其用地进深即金鱼胡同与西堂子胡同之间的距离——这也就意味着它严格遵守了元大都时期奠定的城市用地单元，并没有截断城市脉络去追求大退线。超前的建筑设计却伴随着传统的平面规划——或者应该说，尊重传统最终将被证明是最大的超前。

　　和平宾馆恰与贤良寺南北为邻，而贤良寺最初是人称"老十三"的怡亲王允祥舍宅为寺而来。此地离皇城东安门不远，清代官员在京办事，往往租住此寺，竟也算是个宾馆

↑ 一瞥之间很难相信，如今金鱼胡同亮丽的酒店建筑群之间，这座并不显得沧桑的大楼在新中国成立的第三年就开门迎宾了（笔者摄）

了。又过了许多年，金鱼胡同被向南拓宽，贤良寺主体部分消失在王府井的车水马龙之中，只有和平宾馆依旧俯瞰不再是胡同的胡同。两个时代的下榻之地就此话别。

有迎来送往，就有失之交臂。当首都宾馆将近百米高的 A 座塔楼开业迎宾的时候，在它的西侧不远处，曾经的御河东岸，北京近代史上的传奇交际场六国饭店在一场大火中谢幕还不到一

年。一老一少两座北京酒店服务业历史上的名角，仅以几个月之差没能做成邻居。它们各自所代表的时代截然不同，一个是时代剧里的奢靡与谍影，一个是亚运时代的崭新与白洁，几乎不会有人把这两个时代联系到一起，可是它们的活见证却以咫尺之遥在北京的舞台上擦身而过，只隔着几个月的冷场。

市民熟知的以西餐厅和面包坊著称的北京新侨饭店，在 20 世纪 50 年代初建时，它的正立面是朝北的——因为它南侧与北京内城的南墙为邻，除了斜对面的崇文门城楼以外，并没有什么景色可言。

↑ 六国饭店曾经位于照片中那座米白色建筑的位置上。它消失后不到一年，首都宾馆（远景中的高层建筑）就建成营业了（笔者摄）

↓ 新侨饭店始建时，其入口在北侧，与同仁医院相对。如今此处仅用作后勤入口（笔者摄）

多年之后，城墙不复存在，变成了前三门大街。当新侨饭店的主楼部分得以加高重建时，它被整体调转，将展示面朝向车水马龙的干道，而不再面向北侧的同仁医院。如今入住新侨饭店的客人们从窗外向南眺望的时候，恐怕已经不会再想到城墙与护城河了。

城墙旧忆　城市里的一些"土木居民"身形巨大，它们因此而拥有许许多多的"老邻居"。当它们最终消失的时候，这些曾经环绕它们的老邻居就像肥皂泡破掉的一瞬间变成的液滴一样，依然保留着曾经环绕那巨大形体的阵型。北京的城墙就是这样的巨型居民。如今的城墙十不存一，但是它却仍然还有一批在原地等它的旧邻。

阜成门南顺城街的吕祖宫如今向东正对中国建设银行大厦和金融街投资广场之间仅剩的一小段屯绢胡同（现名学院北巷），它的西侧就是车流滚滚的西二环路。

↑ 如今的新侨饭店将南立面作为其入口与主要展示面，增建的主楼俯瞰曾经有过城墙的前三门大街（笔者摄）

↓ 曾经的城市边缘如今已不再是边缘，城墙的位置上呼啸着无尽的车流，从和当年差不多的角度俯瞰一座小小的吕祖宫（笔者摄）

在半个多世纪以前，吕祖宫的西墙外再隔一条夹道就是北京内城的西墙，余晖很难洒到吕祖的门前。而今城墙无存，替城墙遮挡余晖的是西二环的高架。但有没有余晖已经不重要了，金融街的华灯轻而易举地淹没了它。

从雍和宫地铁站C口出站的乘客往往不会意识到，他们其实是从雍和宫绥成殿西顺山楼的后山墙里钻出来的。更少有人会意识到，曾经的北京内城北墙的南墙根就在雍和宫站C口外的马路牙子附近。假如城墙还在，乘客一出站就会发现自己处在雍和宫与城墙之间的一条夹道里。如今城墙无存，但出站的乘客们依然会面对北二环路的高架——那种城市边缘的遗意，似乎以某种方式保留下来了。

在北京老城西北角，位于二环路内侧的中国建筑材料工业规划研究院大楼曾与明代开国元勋中山王徐达对话。这座大楼向西北偏斜，不是因为二环路，而是因为大楼建造时大门正对内城北墙，而这段偏斜的城墙是徐达攻下元大都后缩建城池、作为北平城的北墙兴修的。徐达设计的城池西北角为何有此偏斜？有说法认为是因为"天倾西北"，西北为乾位，城池在此有所逊避；也有说法认为这是为了避让不适合修筑城墙的太平湖水系。当这场

↑ 墙消失了，但二环路宛如一道流动的城墙，依然能让穿过它的行人感受到阻隔（笔者摄）

讨论成为市民津津乐道的城市史地话题的时候，这段偏斜的城墙已经消失，只剩下大楼恰与昔日城墙平行，成为昔日北京内城北墙西段走向的重要物证。

今天的俄罗斯大使馆是北京内城东北角的重要地理标志，它的选址源于清圣祖康熙皇帝的赏赐，是东直门内地区资历最老的街坊之一。如果我们从二环路经过，会发现大使馆院墙东北角不是直角，而是被抹成斜角，紧邻二环辅路的转弯。这处抹角也不是因为避让二环路，而是因为民国时期北洋政府修建的北京环城

↑ 1860 年，英法联军攻陷北京。菲利斯·比托在内城北墙上俯瞰雍和宫后部，绥成殿西顺山楼出现在画面左端。彼时距离 2 号线雍和宫站投用还有 124 年

铁路在内城东北角的弧弯恰好从此切过。而日后二环路的内侧辅路又基本与当年的环城铁路位置重合，院墙轮廓就这样先后与铁路和公路为邻，再未变过形态。如今内城东北角楼、环城铁路均已消失，东直门城楼与清末新政时期的京师自来水厂水塔也不复遥相对望，只有这浓荫里历经风云几百年的老邻居还在兀自标志着京城东北角的形态。

↑ 如果有一天，这座大楼也不在了，昔日北京内城北墙西段的角度便会失去一个实物标尺（笔者摄）

↓ 如今二环东北角的这段转弯依然保持着北京环城铁路的弧度，但现代北京的交通系统已经远比历史上任何时刻都要复杂（笔者摄）

　　在北京城墙的老邻居中间，命运最奇特的或许是西直门立交桥东北角的一间公厕。如今这里的平房院落已经基本拆空，只有这间公厕孤零零地悬在嘈杂的二环辅路边。谁能想象一间公厕能和堂堂西直门有什么关系？事实上，这间公厕尽管曾经挪过地方，但却是如今西直门桥四个象限唯一曾经与西直门城楼有过对话的邻居。

　　从历史照片来看，这间公厕在 20 世纪 50 年代已经存在，当时是西直门公交总站对面的配套设施——在那个时代，绝大多数

↑ 西直门桥东北象限的一间公共卫生间，是如今罕有的直接在二环路上开门的厕所（笔者摄）

↓ 20 世纪 50 年代，西直门公交总站东侧的公共厕所，就是如今这座公共厕所的前身。彼时城门城墙尚在

公厕还都是旱厕。在北京冬日太阳低垂的时候，西直门城楼的影子会扫到这座不起眼的建筑。直到有一天，以万世不拔的雄浑姿态标志着北京西北门户的西直门被城市抛弃，让位于巨大的地铁换乘站和崭新的立交桥。立交桥的匝道占据了这间公厕，它于是被向北略作挪动，来到了现在的位置。

20 世纪末，连那座立交桥都追随着西直门而去，让位给一座二环路上前所未见的、绳结飞空般的新立交桥。那一年，许多市民在已经停用的旧桥与即将通车的新桥上久久徜徉，享受着这些异构属于步行者的短暂时光。随即，车流重新呼啸而过，西直门的幻影重新被喧嚣打破。新的西直门桥成了全国闻名的交通传奇，而那座公厕却依然在城门东北侧坚守着，尽管投在它窗前的不再是城楼的影子。

有一天它也终会消失的。除了偶尔在这里停车解手的出租车司机师傅们之外，谁会留恋一座位置尴尬、紧邻车流的公厕呢？可是到那时，那皇皇城门的老邻居，也就又少了一位，它在城市里留下的坐标，也就又淡了些。在那一天到来前，它还有机会被多少人当作谈资呢？

当威尼斯商人马可·波罗回忆他在大都的日子时，他毫不吝惜地赞美大都平直规矩的街道，尤其是各条主干道——元人笔下的"十二官街"——正对城门而形成的恢弘对景。

20世纪以来，北京的大部分城门、牌楼逐渐消失，马可·波罗笔下的盛景暂时消隐在历史的迷雾中。但是其实人们并非没有尝试过让北京丰富的古建筑遗存参与进新的城市框架中来，在20世纪50年代，北京的规划师们曾经构思过一系列新旧融合的城市轴线或对景，通过新建筑、新道路的安排，让一些古建筑处在车行或人行视

线的"C位"上，与新的建设达成视觉上的配合，成为街区乃至城区尺度的地理标志。

北京市民们最熟悉的古今融合型对景设计，恐怕要数从景山北望所看到的景象：中轴线穿过寿皇殿，由地安门内两座对称的公共建筑夹持，并以鼓楼作为远端对景。地安门内的两座公共建筑出自陈登鳌先生的手笔，采用民族风格，顶部各有三座攒尖顶方亭，客观上在中轴线的核心区段取得了加强空间透视的效果，是20世纪50年代极有胆识的设计。

新中国成立后，北京的大型古建筑

↑ 北京中轴线北段的经典对景：景山—寿皇殿—地安门内外大街—鼓楼轴线（笔者绘）

245

群落"老当益壮"地参与新城市景观的构建，并不仅仅有这一个案例。

在北海公园西北角上，始建于乾隆年间、俗称"小西天"的佛教建筑群中，有着现存最大的四角攒尖顶古建筑极乐世界大殿。这座大殿周围环绕水面，四座琉璃牌坊与四座角亭围绕，俨然一处宏大的曼荼罗。1954年，一组大型公共建筑组群在北海公园西墙外建成，同样出自陈登鳌

先生的手笔。其中两座主楼南北对称，楼之间广场的东西虚轴向东正对极乐世界殿东西中线，构成了一组新老呼应的对景，与地安门内的格局颇有意趣相通之处，可以看作同一历史时期的姊妹作。当时两座主楼均设计有民族风格屋顶，但最终仅北楼的设计得以完整实现，南楼未能建设屋顶，使得这一景观的可识别性大打折扣。

北京的一些古建筑群自带对景基因。

↑ 北海小西天对景：极乐世界殿东西轴线（笔者参照陈登鳌先生原设计方案绘制）

除了雄居城心的紫禁城之外，一些大型坛庙建筑也据有城市节点的地位，如东城区昔日的巨刹隆福寺，寺前设丁字街，三个方向上各有一座牌坊，本身就是一组大规模的对景。新中国成立时，隆福寺山门以内至大殿的建筑已经无存，改造为东四人民市场。20世纪50年代在东四西大街以南、正对隆福寺轴线的位置上建设了一组大型公共建筑，即今日的中国钢铁工业协会等机构所在的建筑群。

由于隆福寺已缺失了正殿，体量上差距悬殊，与这组新建筑的隔街对应效果并不显著，仅以山门前的街道实现聚拢视线、南望新建筑群主楼的效果。在当时的规划中，东四人民市场乃至于隆福寺遗存均非永久性建筑，未来有可能被更大规模的公共建筑取代，从而与路南的建筑群形成呼应。许多年后，隆福大厦出现在原东四人民市场的位置上，当年的规划终于成为现实。只不过此时，隆福寺前街也被隆福广场骑楼挡住，历史上站在隆福寺山门前南望的视廊不复存在。

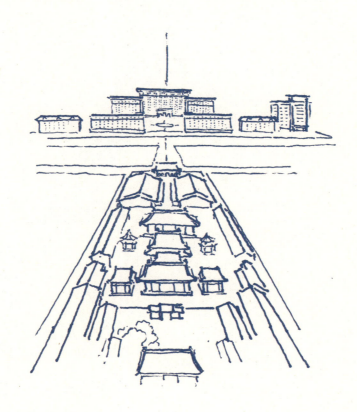

↑ 隆福寺对景：东四人民市场轴线（笔者绘）

一些规模稍小的古建筑群也可能因为大型公共建筑的选址而被纳入那个时代的景观轴。例如，当地质博物馆作为当时的地质部东侧楼建设的时候，博物馆楼顶东北角设计了一座单檐攒尖顶角楼，也是整个地质部建筑群的制高点。这座方形角楼基本正对西四广济寺轴线，从南侧隔街俯瞰整座广济寺。此后，地质博物馆大楼多次经过改造，于 21 世纪初成为现状，当年的角楼已经彻底改变了面貌，成为一座现代风格的玻璃阁子。如今这座角楼仍然基本对应着广济寺的轴线，仅略偏东数米。地质博物馆初建时，那座角楼是否曾经毫无偏差地对应广济寺，以实现某种明确的景观意图？这仍然需要更多文献上的功夫去确认。

另有一些古建筑未必与新的建筑在景观上直接互动，但通过城市道路所形成的

↑ "大差不差"的对应关系：地质博物馆—广济寺轴线（笔者绘）

视廊而将自己的身影投射在很远的街区。例如西城区天宁寺塔通过复兴门外的真武庙路和二七剧场路向北放射轴线。由于河道的阻隔，这两条路并不能直达塔下，但却让北京最高古塔的身影显得"扶摇可接"，在长安街（复兴门外大街段）畔获得一瞬目之间的亮相。与之相似的是海淀区八里庄的慈寿寺塔，它通过岭南路—增光路—百万庄大街一线向东放射轴线，形成一条与西二环相接的视廊。只不过日久年深，这几段大街的浓荫日渐繁密，曾经在西眺的视野中清晰无碍的塔身剪影已经逐渐隐入树冠。

梁思成先生曾经指出，与北京南北中轴线的"天下无双之壮观"相比，"惟当时设计人对于东西贯穿之次要横轴线，不甚注意，是可惜耳"（《中国建筑史》）。但在20世纪50年代的北京，曾经存在过一条在长度和复杂度上无出其右的东西向眺望轴线，稍稍弥补了北京东西向建筑实轴的缺乏。它就是如今早已游离于公众认知之外的北京展览馆—西直门—鼓楼—东直门—全国农业展览馆轴线。

1954年，时称"苏联展览馆"的北京展览馆竣工，横亘在西直门外大街北侧。它高耸的金色尖塔与西直门城楼、箭楼东西相对，成为当时西郊群山天际线的前景上独一无二的标志物。到了1959年，在北京东郊的原野上，全国农业展览馆建成投用，它构图中心的三重檐绿琉璃八角攒尖顶与东直门城楼东西相对。而东直门、西直门又与鼓楼三者同处一线遥相对应。随着两座新建筑的建设，这条自元大都时期即已存在的传统城市东西轴被延伸至东西两郊，居西的北展用金色，而居东的农展馆用绿色，完美符合西方属金、东方属木的中国传统都城空间认知，可谓"各依方色"，用意极为深邃。

1969年，东直门城楼、西直门城楼、箭楼全部消失。这条东西轴线上的明珠五失其二。随着西外大街北侧的开发，北展与西直门之间的视廊也被阻断，这条轴线逐渐不再被人忆起。

20世纪50年代只是北京城市史上的一个短暂的章节，但也是一个影响极为深远的章节。在这个章节中，北京的许多重要历史建筑得以以积极的姿态参与正在展开的全新城市框架中来，它们没有被当作无足轻重的故迹，也没有被当作城市空间展拓的障碍，而是作为新时期北京城市舞台上的"老戏骨"，承载了许多匠心。

以公共建筑配合街道而形成对景，是一种古老的传统，它的前提是城市的节点地块都是行政、文化、市政功能主导的项目，其设计工作把握在统一的城市规划主体手中。所以当城市面貌的塑造

↑ 被遗忘的城市东西实轴：北京展览馆—西直门—鼓
楼—东直门—全国农业展览馆轴线（笔者绘）

更多交给市场行为之后，这样的对景渐渐不再生成。但是也不尽然：一些与文物或历史建筑同轴或紧密相邻的地块在我们的时代依然会迎来开发机遇，而新时代的建筑师们有时仍然乐于在新旧之间营造景观上的互动——只不过这种互动往往不再是轴线对应或者单纯的透视效果加强，而是将现代营造的姿态放低很多，以虚迎实，在功能上建立更为有机的联系。

所以我们倒不妨放宽对城市对景与轴线的判定标准。在今天，在人人都在观察城市、体验城市的时代，每个角度都可能是一个对景，单单属于某一个人的某一个瞬间。笔者在此仅举一例，这是一位好友透露的老城秘密轴线：在阜成门内安平巷的路北有一家麻辣烫，极为精确地与妙应寺的巨大元代白塔南北同轴。这个小馆子在形制和功能上都与白塔无关，可是在暮色苍茫的时候，你坐在窗边望出去，白塔映出淡紫色的余晖，大地的影子从东边席卷过来。你看不见忽必烈和八思巴，面前只有鹌鹑蛋和金针菇装在塑料袋包着的盘子里，啤酒的泡沫噼啪作响。

你抬头看看，又低头看看。不知道具体是什么，但是在白塔的俯瞰下，有些东西似乎确实对上了。

后记　　北京城有一条中轴线，如今这条线举世闻名。

　　然而北京城又不只有一条线，它是许多个层叠的画面，是无数个时间层次在华北大地上如雪花般的覆盖。在历史学者眼中，这些层次是泛黄的典籍与其中隐藏的来龙去脉；在艺术史学者眼中，这些层次是星散的遗构和它们之间的风格流转；在考古学家眼中，这些层次是不可逆的打破与叠压关系；在民俗学者眼中，这些层次是人们对自己的生活在天、地、君、亲、师面前的定位；在规划师眼中，这些层次是脆弱的、往往会被轻易抹除的透明纸；在说书人眼中，这些层次是故事，就只是讲不完的，将被后世流传、琢磨、改写、扭曲的故事。

　　可是说来说去，这些层次似乎总是属于少数人，只被学者与艺术家们读取、玩味。不知从何时起，对大多数人而言，北京成了一座线性的城市。人们习惯于在出发点与目的地之间确认最优路线，然后就这样一天天走下去，而对于其他潜在的路径失去好奇。北京并不是一个容易迷路的城市，但是人们却惧怕在这里迷路，因为走错一个路口、坐过一站地铁、搞混一座天桥，将会对一日的行程造成很大的影响。迷路的成本太高了，信步而行成了一种奢侈的空间体验。

　　然而，总有那么一些时刻，人们会从自己的惯常路径上被吸引走。有时只是因为夏日小街里杨树叶子的闪光；有时是胡同口昏黄灯光下冒着热气的食物；有时是暴雨后摩天楼玻璃幕墙反射出的夕阳。在这样的时刻，人们会突然发现，城市是有厚度的，它终究在日常的两点一线之外提供了许多缝隙，而这些缝隙通往别人的生活、别样的风景。

假如每个人都是一条线，那么城市便是让这些线扭结交叉的地方。我们可以将这些缝隙称作"空间的歧路"。

在城市里，还存在着另一种缝隙，它们通往的是另一段时光，另一个时间层次。它们有时是蓝底白字、写着"内某区""外某区"的老门牌，有时是胡同口被封在水泥地里的老碌碡和不知来历的经幢座，有时是细瘦歪斜的松树影中闪过的塔影与殿角，也有时候，仅仅是秋日转过街角时与西山一起迎面灌来的一股罡风。在北京，你很难不去想那些"历时性"的问题：这里曾经是什么样，有过什么人，发生过什么样的事情。这些缝隙勾着你，让你恍恍惚惚走进去，却又寻而不得。

假如每个时代，乃至每个时刻都是一个面，那么城市便布满让这些面粘连不断的结构。我们可以将这样的粘连称作"时间的歧路"。

如果担心走进"空间的歧路"会迟到，会误事，更希望用手机上的地图把一天的行程安排得明明白白，那么至少我们可以任由自己短暂地迷失在那些"时间的歧路"里。而北京恰

254

恰就是这样一个地方：有时那些时空入口扑面而来，甚至让你躲闪不及。还没有回过神来，你已经陷入其中，自动把流逝的秒换算成年，乃至百年，开始在时光的层次之间洄游。

　　我把这本书献给我的朋友们，那些曾被这座城市里的流光触动以及将要被触动的人。他们有的会在看到宫墙边的落英时想起古诗里的词句；有的会在涮肉铜锅的云气里细数一街一院的消亡、痛悼命运降临给一座大城的无常；有的会在暮色下迎着天际线与熏风举杯，感慨这份沉醉才算得上是生活；有的会在看到地层里的琉璃瓦块时兀自开怀，期待着有一天能把忽必烈的大都从土里一点点拼起来；有的刚刚从繁忙的工作中抽身，在高楼上俯瞰绵延的街市，突然意识到这座城市原来就是层层叠叠的一些东西，但若再问他是些什么，他便又沉默了。

　　在北京的层叠中迷路的人，不一定都知道自己身处哪一层。而最有趣的往往便是这一点。

　　我曾经在团城边上遇到两位游客经过北海公园，他们大概从来没有听说过这里，正在犹豫是不是要进去。那位男游客对他的女伴说："大概就是个人工堆的景点吧。"我刚要在心里发笑，却突然意识到这句话极有禅机，不啻棒喝，于是不禁肃然。如果不远千里挪移艮岳遗石堆筑琼华岛的金人听到这来自八百年后的无心评价，恐怕要迎来彻悟。

　　我也听过一位好友微笑着淡淡地说，"圆明园真的没什么好看的"——如果光听这句话，你肯定无法想象他其实正是一位圆明园深度发烧友，每到周末必去那里徜徉，在慎德堂遗址怀想，在正大光明殿的荒草前哀伤。他说的那"没什么好看的"，分明是看山还是山、看水还是水的自矜。

更有一位研究中国古代史的法国友人，当我带他摸着黑走到百花深处的墙根下，指给他看被挡在路边车轮后、流着剩菜糟面条的窨井边的元代千佛殿柱础时，他轻声地呼喊起来："我太爱北京了！"这句毫不克制的自白，没有生发于昆明湖的碧波上，没有生发于险峻雄奇的司马台长城上，没有生发于如白云泻地般宏阔的紫禁城三台上，却埋头说给了一个黑漆漆的墙根。我每每回想起来，都要为这"道在瓦甓"的呼喊而忍俊不禁。

我忽然觉得，他们就是那些秘密时空的守护者。

在短篇科幻小说《点亮时间的人》里，全宇宙的时间都停滞了，只有一盏灯的光能让周围的时间继续流动。自然，有人守着这盏灯，也有人想要这盏灯。同样地，在北京这座巨大的迷宫里，他们有的无心，有的有意，却在通神般的一瞬间点亮了照进岁月的灯，随后又旋身而去，出于对时间褶皱的掩藏，留下一片影影绰绰。

我希望这本书里的那些画能为他们短暂地充当一盏如豆的灯，照亮一些窗口，让城市角落里的时间变得如薄纸一般透明。但我也知道，这仅仅是一线短暂的光，因为他们终将会点亮自己的灯，消失在我这盏小灯的光所无法达到的地方。

　　把已经消失或演变的建筑群和城市肌理用图画表现出来，并不是一个新点子，许许多多的学者都曾用画笔让文献中的建筑重新呈现为直观的场景。但在这琳琅的画卷之间，有两位先生的笔意最让我向往。

　　第一位是傅熹年先生。他对古代建筑群的表现技法一直是我仰慕的高峰，也是这本书中所呈现的画面的榜样。我在高中时代有幸第一次看到了傅先生的复原图作品《大唐景福年重修敕建悯忠寺复原图》，画面中的巨刹宏丽而安详，接天的栋宇因为俯瞰的视角而显得如在掌中。最动人的是，傅先生将悯忠寺放到了唐代幽州城的背景中来表现，在云雾与树海的遮护下，悯忠寺周围的巷陌与院落向四方绵延。我在每次看到这幅画面的时候，都想象自己处在画面的某处——不在悯忠寺里，而是在画面边缘某个不起眼的院落、幽州城的某个角落里，并进一步想象我在幽州城里的生活如何与那座大庙产生交集。后来，我看到了更多傅先生的作品，尤其是那些关于北京的，比如后英房的元代建筑遗址复原图、元大都和义门复原图，以及崇天门、大明殿、延春阁等元大都宫城主要建筑的复原图。傅先生对元大都宫城建筑的复原推算让我久久沉浸其中，意识到在这些从容优美的笔意背后并不仅是推想，而是扎实的文献梳理，以及中国古代建筑法式研究的深厚积淀，并盼望着有一天也能把那种严谨的推算用在北京更多的已经消失的部分上。

第二位是郑希成先生。我了解到郑先生的作品是很晚的事情了，北京文化遗产保护中心的胡新宇老师向我展示了郑先生的心血之作《京城民居宅院》，黑色封皮上的一抹红色让人无法平静。翻开那些院落复原图，恰恰是那些非坛非庙的小院以及院落中的生活在他的笔下成了主角。郑先生不是象牙塔里的建筑史学者，但他作为一位工艺美术家，在"老城不能再拆"尚未成为全民共识的时代，曾经用自己的画笔与时间战斗，许许多多的院落在走入历史的前夕在他的画作中最后一次寻回了自己的本来面貌，让人唯有叹惋与敬意。郑先生的笔意没有傅先生那样从容，他要与岁月无常抢时间，但与傅先生一样，郑先生的建筑画也用大量功夫来复原——他把许多院落的历史原状从世纪之交的混乱杂院里剔出来，让人们发现老城昔日的风华，意识到昔日北京绝非可以忙不迭地舍弃的敝屣，而是一颗蒙尘的明珠。到未来老城得以复兴的那一天，人们将会发现，历史性的转机就是从这个认知转变的普及开始的。郑先生已经永远放下了笔，但让人欣慰的是，在这个时代，人们依然记得他。

2018 年，我有幸获得鞠熙老师和吕敏老师的信任，为中法合作项目"北京内城寺庙碑刻志"绘制弘仁寺与明代朝天宫的复原图，后续又绘制了若干其他已经消失的寺观。我第一次把对傅熹年先生作品的仰慕灌注到笔尖，"虽不能至，而心向往之"，除了表现建筑形体之外，我特意选择了能够将建筑群与周围的城市背景一同表现的视角，力图凸显它们作为北京城市生活舞台的存在。能够粗浅地实现这一效果，让我颇为欣喜。而当我画到画面边缘那些小小的院落时，我便又想到了郑希成先生，让我的笔不至于因为画着不起眼的城市角落而懈怠，因为一定会有人像少年时的我那样想象自己在画面边缘那些寻常巷陌里栖身。

　　这两位先生画作中的古建筑，笔法并不相同。但当我动笔时，它们总是一齐出现在我眼前。傅先生笔下的宏阔殿堂与郑先生笔下的曲折巷陌都是如此生动；傅先生笔下的永恒与郑先生笔下的易逝，难道不是构成了一整座北京吗？每当想到这里，我都会肃然起敬。

　　关于这本书的写作，我首先要感谢"龟姐"赵幸老师，如果不是她对我这个小小"说书人"的信任与鼓励，这本书不会存在。她让我首次确认，对那些历史层次的兴趣与追寻，并不只是埋首故纸堆、老照片的人们的自娱自乐，而是同样也被这座城市的未来的构建者们当成无法绕过的话题。在那之后，我又有幸结识了城市规划与文化遗产保护领域的多位师长朋友。我要感谢申玉彪老师，他和他的同事努力将这座城市的许多遗忘角落化为开放的城市客厅，结结实实地站立在所有讲述北京故事的人身后；叶楠老师，她的日常工作与规划条件和价值论证等"硬任务"为伴，但却始终对史迹和故事这些城市"软语汇"保有热忱，即便在考古学者们面前也不遑多让；鞠熙老师与吕敏老师，她们探求着一碑一碣背后的故事，那些关于人在天地之间如何组织起队伍走向有形无形的大山的故事——在她们的故事中偶尔出现了一些房子，我帮她们勾勒出了那些房子，而她们对我的笔给予了宝贵的信任，让我看到了用这支笔去讲述另外一些故事的可能；胡新宇老师，他是北京城市记忆的传播者与分享者，一石一木、一书一画的关注者，是一位侠士，不吝帮助那些为了这座属于全人类的大城而用心的人；李哲老师，同为北京故事的讲述者，与我不约而同地在这座城市的角落里挖掘旧闻，却比我走得更深，在文献与老照片源流等方面对我帮助颇多；董良敏老师，他在第一次听我说起这本书的构想时就认真地考虑了它的各种可能性，并始终对我的文字与手绘图的学术价值给予宝贵的信任——当然，他也会变着法儿地催稿，把我描述成一个天天埋头打字的人，让我不好意思离这个状态太远；李响老师，用他的匠心为这本书做了整体设计，让我笔下的图文呈现出我自己无法想象的效果。

　　我当然要感谢我的爱人周喆。这本书里提到的地方，我都和她一起走过多次。有时候她会说："以前我还不能感觉到这里的妙处，现在我能了。"读者们，没有比这更能鼓舞一个讲老故事的人了。当然，要想让她有这样的感触，需要游人不多的日子以及清爽凉快的天气，并且还要懂得在漫游路线的安排上适可而止。想到这里，我还要感谢所有那些跟着我用脚步丈量过这座城市的朋友们，他们几乎无一例外承受过我那些试图横穿老城、钻街串巷的曲折路线。当暮色降临，他们终于坐下来按揉着自己酸软的双腿的时候，我也清晰地看到，城市的尺度其实就是故事的节奏，与古今真实生活接触越充分的道路，越能让人忘记距离。而如果仅仅在城市的表层经过——虽然有高树繁花但没有停脚理由的绿化带，漫长的、两侧仅有封闭墙面的停满了车的小巷，失去了茶座、咖啡馆、菜市场、小商店的胡同——就算它们与历史上的城市框架和肌理有着种种关系，也很难让人兴味盎然地漫步而行。

　　大城北京是一本厚重的老书，颜色昏暗的硬质书皮上留下了一个个时代的划痕、磨损与灰尘，摸起来刺手。书皮上没有展示扑面而来的繁华与炫目的色彩，也没有写着醒目直白宣传语的腰封，掩藏了所有那些平凡的生动，让人往往不想费劲翻开它看看。而这本小书便是希望为大家撬动、翻开那大书的书皮——就仅仅是书皮，顶多还有一些浅浅的、层叠的页面。至于更深邃的层次，终究需要大家走到它的深处去阅读。

　　画笔也好，文字也罢，其实都无法表现真正的随机。它们所能描绘的终究只是城市的一些切片和断面。而城市在时间线上的绵延，是来自它所有居民的参与。这些参与并不建立在对某种全局的超越时间的理解之上，它们通常就是随意的、点状的、临时的、感性的、冲动的。这些参与让磐石般完整的层次被啃啮消解，就像朝天宫遗址上滋生出街巷、南苑苑墙内建起人来人往的批发市场、清漪园被部分修复而圆明园则变得不可触碰那样，没有计划与蓝图，也无法从某种长远的逻辑上解释明白。但是当磐石被分解为土壤，层次便诞生了，新的苗木便出现了，层叠已是必然了。

这个过程，所有人都在参与，但却无人能用笔画出。空白的街市，终究还是需要读者们自己去填补，决定一座城市未来的主角，终究将由我们自己去担任。所以书里的那些画面也可以看作一种邀请，请读者们走进去，填补画面上的空白——读者在看本书中的画时，一定很快就会发现那些画中没有车马行人。简单承认我画不好车马行人所以没有画的事实，未免显得轻浮随便，所以我便准备了这样的说辞以供参考。

读者们，看到这里，这本书就要被合上了（当然我听闻也有喜欢先看后记的读者），它只讲了寥寥几个老故事而已。但是这座城市展现给读者们的旧的层叠，以及读者们将为这座城市的未来创造的新的层叠，是无始无终的。总有人说大城市生活让人冷漠麻木，我想那是因为他还没有充分地走进别人的时间线。喜爱热闹也好，偏好孤独也罢，当他在某个巷尾突然好奇起这里曾经如何或者将来会如何的那一瞬间，便是坚冰开始融化之时。

图书在版编目（CIP）数据

层叠的北京：看得见的古都八百年 / 李纬文著 .
北京：文化艺术出版社，2024.12. -- ISBN 978-7
-5039-7700-8

Ⅰ . K928.71

中国国家版本馆 CIP 数据核字第 2024K54X07 号

层叠的北京——看得见的古都八百年

著　　者　李纬文
责任编辑　董良敏
责任校对　董　斌
书籍设计　李　响
出版发行　文化艺术出版社
地　　址　北京市东城区东四八条 52 号（100700）
网　　址　www.caaph.com
电子邮箱　s@caaph.com
电　　话　（010）84057666（总编室）　　84057667（办公室）
　　　　　　　　　　84057696—84057699（发行部）
传　　真　（010）84057660（总编室）　　84057670（办公室）
　　　　　　　　　　84057690（发行部）
经　　销　新华书店
印　　刷　北京雅昌艺术印刷有限公司
版　　次　2025 年 1 月第 1 版
印　　次　2025 年 1 月第 1 次印刷
开　　本　710 毫米 × 1000 毫米　1/16
印　　张　17.5
字　　数　200 千字
书　　号　ISBN 978-7-5039-7700-8
定　　价　118.00 元